마음을 치유하는
컬러 테라피

마 음 을
치유하는

컬
러
테
라
피

김영정 지음

Color Therapy

친한 이에게도 털어놓을 수 없었던
이야기와 감정들을 컬러로 들여다보며 위로받는 책

한국경제신문*i*

추천사

from. Melissi Jolly

마음을 치유하는 컬러 테라피

Dear Young Jung,

It is with great delight that I want to recommend this book by my friend Young Jung Kim.

I think it will touch the hearts of many who read this book as she wrote it with love of colour.

With love
Melissie Jolly
Founder of Colour Mirrors.

영정에게

내 친구 김영정의 책을 추천하게 된 것은 매우 기쁜 일입니다.

그녀가 컬러에 대한 사랑으로 이 책을 썼기 때문에 이 책을 읽는 많은 사람들의 마음을 감동시킬 것이라고 생각합니다.

사랑을 담아
멜리시 졸리(Melissi Jolly)
컬러 미러 설립자

CONTENTS

Part 1.

바이올렛 Violet

Part 2.

핑크 Pink

Part 3.

오렌지 Orange

CONTENTS

Part 4.

그린 Green

Part 5.

옐로우 Yellow

Part 6.

로열블루 **Royal blue**

Part 7.

레드 **Red**

CONTENTS

Part 8.

블루 Blue

Part 9.

마젠타 Magenta

프롤로그

고립되어 있었습니다.

분명 내 주위에는 나를 아끼고 생각해주는 가족과 친구들, 삶 속에서 많은 선생님들과 동료들이 있었고 그 안에 존재했지만 나는 고립되어 있었습니다. 시시각각 나에게 자극이 되어 오는 일상들과 마음 깊이 상처를 내는 말들, 사람들에 대한 신뢰의 무너짐, 그로부터 나를 보호하기가 벅차고 눈앞에 닥친 일들을 해내기에 급급해 나를 돌볼 여유가 없이 그렇게 20대가 지나갔습니다.

극도로 예민해진 몸과 마음은 나에게 쉬어가라는 여러 신호들을 보냈고 병원을 집처럼 드나들었지만 다들 이리 아프며 살아갈 거라 생각하며 하루하루 주어진 일들만 했습니다. 그때는 그것이 최선이라 생각됐습니다.

그러다 컬러를 만났습니다.

누군가의 위로가 절실히 필요했던 그때, 그러나 그 누구의 어떤 말로도 위로가 되지 않던 그때 우연히 컬러를 접하게 됐고, 내가 선택한 컬러에 대한 설명을 읽으면서 말할 수 없는 위로가 마음에 들어왔습니다. 그래서 마치 무엇에 끌린 듯 컬러에 빠져들었고 난 어느새 아프리카에 있었습니다.

아프리카 땅을 밟으며 바람이 내 귓가에 속삭이는 소리를 듣고, 밤 한가운데서 마치 모든 걸 다 삼킬 듯한 바람 소리에 잠이 깨고, 끝도 없이 펼쳐지는 대자연 속에 놓인 나는 그간의 모든 힘든 일들을 보상이라도 받는 듯 그 누구보다 나를 깊이 이해하는 시간을 만났습니다.

컬러 미러 창시자인 멜리시 졸리와 함께 (남아프리카 공화국에서 열린 컬러 미러 티처 과정, 2008)

대자연 앞에 놓인 나는 한낱 부질없는 존재일 뿐이었습니다. 조금 더 갖겠다, 조금 더 잘 살겠다, 하루하루를 치열하게 살아온, 그리고 살아가야만 했던 나의 시간들이 흘러갔습니다. 내 삶을 짓누르는 무거움과 거대했던 문제들이 마치 먼지처럼 사라지고, 그것들이 나를 흔들 수 없음을 알게 됐습니다. 그렇게 저와 컬러의 만남은 시작됐습니다. 그리고 10여 년이 흘렀습니다. 컬러를 통해 잊고 있었던 나의 어린 시절을 만나고, 묵혀 두고 괜찮은 척했던 나의 아픔들과 대면했고, 어른이 된 지금의 내가 그 연약한 그때의 나에게 격려를 보냅니다.

어느 순간은 나의 아픔을 깨고 나오는 과정이 힘들어 '내가 왜 이런 걸 알게 되어서 이렇게 힘들게 살아가나, 그냥 아무 생각 없이, 성찰 없이, 그냥 하고 싶은 대로 살걸' 하는 생각들이 들 때도 있었지만 그것은 정말 순간의 생각이라는 걸 알게 됩니다. 그 아픔과 힘듦 뒤에는 뭐라 말할 수 없는 아름다운 통찰이 저를 성숙하게 만들었습니다.

이런 과정을 10여 년간 해오면서 저는 어제보다는 성숙한 오늘이 됐다고 생각하지만 주변인들은 아직도 저에게 예민하다, 생각이 너무 많다고 이야기합니다. 하지만 남들이 뭐라고 하던, 나는 10여 년 전보다 수월해졌고, 편안해졌으며, 행복해지고 있습니다.

그래서 제가 했던 방법들, 제가 느꼈던 것들, 사람들과 상담을 통해 알게 된 사실들, 이런 이야기들을 통해 여러분에게 조금이나

정기적인 컨퍼런스를 통해 교류 중인 멜리시와 컬러 미러 티처들(컬러 미러 컨퍼런스, 2018)

마 도움이 되길 바라며 이 글을 쓰기 시작합니다. 앞으로 소개되는 컬러들의 다양한 이야기들을 통해 이 글을 읽고 있는 여러분은 어느 컬러에 속하며, 그 컬러의 어느 이야기에 공감하는지를 보며 자신을 좀 더 이해할 수 있을 것입니다.

우리는 하얀 도화지처럼 그렇게 순수한 존재로 이 땅에 왔을 것입니다. 그런데 살아오면서 경험한 무수히 많은 일들의 잔재가 감정으로 남게 되죠. 누군가로부터의 배신, 자신감의 상실, 관계 속에서의 갈등과 어려움, 내 존재에 대한 의구심, 미래에 대한 불안함 등과 같은 감정들로 말이죠. 그런 감정들을 그때그때 잘 관리한 사람이라면 마음에 남는 것이 없겠지만 대부분의 사람들은 그 감정들을 어떻게 해결하고, 관리해야 할지를 몰라 그저 마음 깊이 쌓아두고 덮어두기 마련입니다.

그 감정들이 쌓이고 쌓여 하얗던 우리의 도화지는 어느 순간 레드 컬러로 채워지고 그다음에는 옐로우, 그리고 블루… 다양한 컬러들로 덧입혀지고 또 덧입혀져 애초의 하얗던 것을 찾아볼 수가 없게 됩니다. 사람마다 마음속 도화지의 컬러는 각자 다른 컬러들을 띠고 있습니다. 누군가는 레드로만 채워져 있을 수도 있고 누군가는 서너 개의 컬러들이 섞여 있을 수도 있습니다. 또 누군가는 너무 많은 감정들로 인해 검게 보이기도 하겠죠.

12년 동안 컬러로 많은 이들을 관찰하면서 알게 된 것은, 어느 누구도 한 컬러 안에만 머무르지 않는다는 것입니다. 우리는 우리가 살아온 많은 시간들 속에서 다양한 컬러들의 이슈를 거쳐 왔을 것입니다. 이러한 이유로 여러분은 이 책에 적혀 있는 9가지의 컬러들의 내용에 조각조각 공감하실 수 있을 겁니다.

컬러는 지금 이 순간의 당신에게 필요한 키(Key)를 제시해줄 것입니다. 그 수준은 당신보다 더 많이 앞서가지도 않고 당신에게 너무 힘든 것을 강요하지도 않는, 지금 이 순간 당신이 꼭 알아야 하고 그 문제에 대해 들여다봐야 할 가장 최적의 타이밍에 당신이 감당할 수 있는 수준만큼만 제시합니다.

처음에 레드를 선택했다고 해서 끝까지 레드 컬러로만 남아 있지 않습니다. 레드의 이슈를 해결하면 그 아래 깔려 있던 다른 컬러들의 이슈들이 보이기도 합니다. 그저 필요한 때에 필요한 컬러로 세상을 살아가다가 무엇인가 하나를 느끼고, 그 컬러를 나에게서 보내고, 다른 컬러로 세상을 또 살아갑니다.

이런 과정을 반복하며 우리는 조금씩, 조금씩 가벼워지고 성장해가면서 나를 찾게 되는 것이죠. 타인이, 사회가 원하는 모습이 되기 위해 내 위에 덧씌워졌던 수많은 모습들과 감정들을 벗어던지고 원래의 나를 찾아가는 과정이랄까요.

한 컬러를 경험하고 다른 컬러로 넘어가는 과정에는 일정한 순서도, 시간도 정해져 있지 않습니다. 각자의 시간과 상황 속에서 일어나는 일이므로 모두가 다른 경험들을 하게 됩니다. 그래서 누군가는 모든 컬러를 짧은 시간 안에 경험할 수도 있고, 또 누군가는 한 컬러로만 10여 년을 지내기도 합니다. 그저 필요한 때에 필요한 만큼만 경험한다고 생각하시면 됩니다. 컬러와 함께하시면서 여러분은 어느 컬러를 경험하고 있으며, 그 컬러의 어느 메시지에 와 있는지 살펴보시기 바랍니다.

김영정

들어가기 전에_
컬러 테라피에 대해

요즘은 다양한 테라피 도구들이 많이 소개되고 있습니다. 너무 종류가 많아 그 안에서 선택이 어려울 정도지요. 사람마다 취향이 다 다르듯이 나를 치유하는 방법도 본인에게 더 잘 어울리는 방법이 있을 것입니다. 누군가는 스트레스를 받으면 몸을 격렬하게 움직이며 해소하는 사람이 있고, 또 누군가는 조용히 혼자만의 시간을 통해 해소하는 사람이 있는 것처럼 말이죠.

그래서 저는 '이것이 정답이다'라고 이야기하지 않습니다. 다양한 도구들을 접해보고 그 방법이 본인에게 잘 전달되는 것, 그 해답을 찾아가는 과정이 자신에게 부담스럽지 않고 편안하게 다가오는 도구를 선택하시라 말씀드리고 싶습니다.

저에게는 컬러가 편안하고 부드럽게 통찰을 가져다주는 도구였습니다. 제가 하는 컬러 테라피는 색채 심리학에 기반을 둔 '컬러 미러(Colour Mirrors)'라는 이름의 프로그램이며 2001년 남아프리카에서 멜리시 졸리(Melissi Jolly)에 의해 정립된 프로그램입니다.

컬러 바틀   출처 : Facebook–Martha van der Westhuizen Photography

　이 컬러 바틀은 식물에서 추출한 천연 에센셜 아로마로 남아프리카 공화국에서 멜리시가 제조해서 각국으로 보내집니다. 컬러미러 시스템은 내담자가 선택한 컬러에 담긴 메시지를 읽고 내담자가 그 안에서 기억나고 느껴지는 자신의 이야기를 풀어냄으로써 내 안에 나를 힘들게 하던 모습과 원인들을 통찰해 나가는 프로그램입니다. 즉시 깨닫지는 못하더라도 컬러 오일 바틀을 직접 몸에 바르며 그 컬러 속에 들어 있는 메시지들을 곱씹고 자신과의 대화를 하다 보면 어느 순간 통찰을 하게 되는 순간이 있습니다. 그러면서 하나의 숙제를 해나가는 과정이라 생각하시면 됩니다. 컬러와 내담자 사이에 연결고리를 만들어 주고 내담자가 통찰의 길로 갈 수 있도록 가이드 하는 것이 저의 역할이지요.

날카로운 칼이 아닌
부드러운 방법으로 이야기하는 컬러

제가 컬러를 접한 초창기 때 일이었습니다. 여러분들을 모셔놓고 컬러 특강을 했었죠. 특강에 오신 분들에게 컬러 테라피에 대한 이야기를 나누고 그분들이 선택하신 컬러에 대한 리딩을 해드리는 시간이었습니다. 처음에는 생소한 내용들이라 그저 듣고 계시다가 리딩이 시작되면 신기해하며 자신의 이야기와 여러 질문들을 하는 분들과는 달리, 리딩을 받으시고도 별 말씀 없이 조용히 계시다가 그냥 돌아가는 분이 한 분 계셨습니다. 특강을 마무리한 후 제가 운영하는 인터넷 카페에 '컬러는 선택하고 그것을 보는 것만으로도 내 마음에 작용을 합니다'라는 글을 올렸는데 그분이 '그랬구나 … 그래서 뽑는 순간 마음이 편안해졌구나'라고 댓글을 남기셨더라고요.

맞습니다. 컬러는 내가 뽑는 순간 인정하고 싶지 않았던 또는 마음에서는 알지만 머리에서는 알지 못했던 나의 이야기를 대변합니다. 그리고 알게 됩니다. 그리고 수긍하게 되죠. 인정하고 싶지 않았던 자신의 모습을요.

사람들은 그런 것 같아요. 어렴풋이 알고는 있지만 남들이 내 이야기를 하면 "당신이 나에 대해서 뭘 얼마나 알아? 그건 당신이 내 상황을 몰라서 그런 소릴 하는 거야"라고 항변하지요. 이렇듯 누군가가 나에 대해 이러쿵저러쿵 이야기를 하면 잘 받아들여지지가 않습니다. 일단 거부감부터 들기 마련이죠. 하지만 본인 스스로가 느끼게 되면 거부가 아닌 인정이 일어나기에 그것들을 받아들이기가 훨씬 수월해집니다.

또 다른 이야기를 해볼게요. 어느 기업에 컬러로 3시간 특강을 나갔을 때의 일입니다. 강의가 끝나갈 무렵 교육생 한 분이 울고 있는 것을 봤습니다. 강의시간이 끝나가는 관계로 저는 그대로 강의를 마무리 지었고 강의 후 그녀에게 다가가 그녀가 먼저 이야기하기를 말없이 기다렸습니다. 어느 정도 진정이 된 그녀는 "강사님, 제가 그렇게 힘들게 사는지 잘 몰랐어요. 저는 제가 괜찮다고 생각하며 살아왔는데 오늘 강의를 들으니 저 정말 힘들게 살아온 것 같아요"라고 말씀하셨습니다.

최근 어떤 회사에서는 강의 후 중년 여성이 마지막까지 남아 저에게 자신이 선택한 컬러에 대해 한마디만 해달라며 기다리고 있었습니다. 전 그분이 선택한 컬러를 보며 한마디의 조언과 함께 그분에게 필요한 컬러로 잠시 그분을 위한 명상을 가이드 했습니다. 그런데 그분이 울기 시작했고 그 울음은 본인에게도 당황스러운 순간이었는지 흐르는 눈물을 주체하지 못하면서 "아, 이거 이상한데요. 왜 눈물이 나지. 어머, 웃겨. 내가 왜 울죠?"라고 저에게 물으셨습니다.

이런 상황들을 보면서 저는 많은 것을 느낍니다. 힘들게 버티고 있는 우리의 어머니, 아버지들을 느끼고, 두렵지만 두렵지 않은 척 세상에 맞서 하루하루 도전해가는 우리의 젊은이들을 느끼고, 사랑받고 싶은 마음 가득하나 상처받을까 봐 철저히 감추는 수많은 이들을 느낍니다. 힘들어서 기대고 싶지만, 힘들다 이야기하면 회사에서 부족한 사람, 능력이 없는 사람으로 보일까 봐 꿋꿋이 버티는 이들을 느낍니다.

하지만 그 모든 이들이 '난 괜찮아', '잘 하고 있어', '좋아질 거야', '안 힘든 사람이 어디 있어', '다 이렇게 사는 거야' 등으로 자신의 진짜 마음과 감정을 숨기며 버티고 있는 것을 봅니다. 내 마음이 힘든 줄도 모르고, 또는 알면서도 감추는 그 모습들을 볼 때마다 마음 한 켠이 아려옵니다.

그래서 자꾸 컬러에 빠지게 됩니다. 컬러로 그들의 아픔을 알고, 그들을 편안하게 해줄 수 있기를 원합니다. 저도 제 마음을 다 알지는 못합니다. 저 또한 수시로 컬러를 뽑습니다. 그리고 알게 됩니다. 제가 갖고 있는 수많은 문제들 중에 하나를요. 저 또한 제 안에 수많은 문제들을 가지고 있습니다. 처음부터 그렇게 많은 문제를 가지고 있지는 않았겠지만 살아오는 환경 속에서 부모나 형제자매, 친구, 지인들, 그리고 수없이 스치는 많은 사람들을 통해서 경험한 무수히 많은 사건들로 인해 여러 문제가 생기게 되는 것이죠.

어느 날은 제가 스스로 저의 컬러를 뽑는데 수많은 저의 문제점들 중 사랑에 대한 이슈가 보이더군요. 가슴속에 묻어 놓고 상대에게 이야기하지도 않으면서 그가 알아주길 바라고, 떠나가면 아쉬워하는 그런 저의 마음을요. 뽑아 놓는 순간 그런 저의 모습이 연상이 되면서 한없이 제가 가여워 눈물이 났습니다. 다른 사람 눈에는 다 보였을 문제더라도 제 스스로는 알지 못했던 문제를 컬러를 통해 나와 대면하는 순간이었습니다.

이것이 문제를 인지하고, 인정하는 단계입니다. 그러다 보니 '이제는 더 이상 어리석지 않기 위해 표현하고 이야길 해야겠구나'라는 생각이 들더군요. 그리고 하나씩, 아주 더디더라도 조금씩 변화하고 있답니다. 그러면서 즐겁고 행복합니다.

나의 24시간 중 행복한 시간이 조금씩 늘어가고 있는 것이죠. 처음에는 1분… 그리고 5분… 이렇게 하다 보면 아주 많은 긴 시간들이 행복해질 수 있을 것입니다. 그래야 같은 실수를 반복하지 않고, 나의 단단했던 패턴들이 무너질 테니까요.

이렇듯 컬러는 나도 모르는 내 마음을 부드럽게 두드리며 이야기합니다. '이제 이 문제에서 벗어나서 좀 더 자유롭게 지내지 않을래?' 하고 말이죠. 저희 프로그램 이름이 '컬러 미러'인 이유도 여기에 있습니다. 컬러를 통해 나를 보는 것이죠.

컬러는 나를 비춰주는 거울_
판단이 아닌 나를 알아차리기 위한 도구

이 세상에서 자기 자신을 정확하게 바라볼 수 있는 사람이 얼마나 될까요? 여러분은 누군가가 "당신은 어떤 사람입니까?"라는 질문을 했을 때 어떻게 대답할 수 있으신가요? 그리고 그 질문에 대한 대답처럼 당신은 그렇게 살고 계시나요?

여러분들을 만나 상담을 하고 강의를 하다 보면 참 다양한 모습들을 보게 됩니다. 어떤 분이 찾아와 이런 이야기를 하시더군요.

"저는 사람들이 저에 대해 너무 함부로 이야기하는 게 싫고 힘들어요. 도대체 저를 얼마나 안다고 그러는 걸까요?"

그런 이야기를 한참 하다가 그는 저에게 같이 일하는 직장 동료에 대한 이야기를 했습니다. 그가 풀어 놓는 그 동료에 대한 이야기는 '그가 좀 건방지다, 자기 멋대로다'와 같은 그가 어떤 사람인지를 평가하는 이야기들이었습니다. 자신을 잘 알지도 못하면서 자신에 대해 평가하는 사람들이 싫다고 하던 그분은 자신의 동료에 대해 아무렇지 않게 평가를 늘어놓았습니다.

또 그는 오랜만에 자기를 찾아온 친구 이야기를 이어갔습니다. 오랜만에 만난 친구와 커피를 마시는데 그 친구가 자기에게 "너 살찐 것 같아"라고 이야기했다면서 오랜만에 만나서 그게 할 소리냐며 하소연을 하더군요. 그러던 그녀는 저에게 "너도 이제 나이 든

티가 나는구나"라고 이야기하는 걸 보고 순간 알아차렸답니다. '정말 사람은 스스로를 보지 못하는구나.' 자기가 누군가에게서 불쾌감을 느낀 것을 자기 자신도 똑같이 누군가에게 하고 있다는 것을 전혀 인지하지 못하더군요.

직장에서도 이런 일은 비일비재하게 일어납니다. 어느 한 상사가 "나는 솔직한 사람이야. 빈말을 하지 못해"라고 방어막을 친 후 다른 이들에게 직설화법을 날립니다. 그러다 누군가가 자기에게 직설화법을 날리면, "요즘 친구들은 버릇이 없다"라며 이야기하는 것도 같은 현상이라고 할 수 있습니다.

또 무뚝뚝한 성격으로 아내와 아이들에게 먼저 다가가지 못하는 아버지가 자기 자녀들이 자기에게 살갑게 대하지 않는다며, 그래서 외롭다고 이야기하는 것도 같은 이야기라고 할 수 있죠.

이 모든 이야기들은 자기 자신을 잘 보지 못하는 우리의 모습을 그대로 보여줍니다. 이런 일들이 일어나는 것은 무엇인가를 판단하고 분석하는 잣대를 자기는 제외한 채 오로지 타인과 세상에만 적용하고 있는 것이 아닌가 생각해볼 필요가 있습니다. 무엇인가 만족스럽지 못하고 불편한 상황이 펼쳐지면 외부를 보는 시선과 잣대를 스스로에게도 대입해봐야 합니다. 내 자녀가 나에게는 차갑고 살갑게 대하지 않는다고 이야기하기 전에 아버지인 나는 자녀에게 어떤 아버지였나, 그들이 나에게 먼저 다가오게 열려 있고 편안한 아버지였나 하고 말이죠. 누군가의 말에 서운하고 상처를 받았을 때 '저 사람은 왜 저렇게 생각 없이 말을 내뱉는 거야?'라고 하기 전에 나는 다른 이에게 그런 적이 없는지 자신의 모습을 먼저 살펴보는 것이 필요합니다.

하지만 앞에서와 같은 사람들은 타인을 평가하는 잣대는 엄격 하지만 그 잣대를 스스로에게는 적용시키지 않는다거나, 적용하더 라도 느슨하게 하는 공통점들이 있습니다. 마치 남이 생각 없이 뱉 는 말은 그 사람이 나에 대한 배려가 없어서 그런 것이고 '내가 하 는 말은 사실을 이야기하는 거다' 또는 '내가 이렇게 이야기하는 것은 다 이유가 있다'라고 말이죠.

얼마 전 우산을 쓰기도 애매하고 안 쓰기도 애매하게 비가 내리 는 날이 있었습니다. 마치 분무기를 뿌리면 수증기가 공기에 날리 는 것처럼 그렇게 비가 날리는 날이었습니다. 그렇게 내리는 비도 계속 내리는 게 아니라 내리다 멈추기를 반복하는 날씨였죠. 그러 던 차에 잠시 비가 멈추고 해가 쨍쨍 내리쬐기 시작했습니다. 많은 이들이 우산을 접고 지나가는데 유독 한두 명이 우산을 쓴 채 지나 가고 있더군요. 분명히 누가 봐도 비가 내리지 않는 순간이었고 그 길거리에 본인을 제외한 많은 사람들이 우산을 접고 길을 걸어가 는데도 그 두어 명은 우산을 쓰고 지나가고 있었습니다. 아마 그들 은 비가 그친 줄 모르고 아까 펼쳤던 우산을 그대로 쓰고 가는 것 일 겁니다. 비가 오거나 멈췄는지에 대한 인지보다 미팅을 가는 길 에 고객사에게 어떻게 이야기를 전달할까에 더 치중되어 있거나 기다리고 있을 친구를 생각하며 발걸음을 재촉하느라 비가 멈춘 것을 인지하지 못했을 수도 있습니다.

이렇듯 우리는 내 모습은 보지 못하고 다른 무엇인가에 빠져 있습니다. 그래서 우리는 순간순간 자기 모습에 대한 객관화가 필요합니다.

우리는 원하든 원치 않든 많은 관계 속에서 살아가고 있습니다. 가족이라는 울타리, 직장이라는 울타리, 학교, 대학원, 동호회 등 무수히 많은 관계 속에서 각자 자신의 스타일대로 삶을 살아가다 보니 나와 생각과 행동이 다른 많은 사람들을 만나게 됩니다. 거절한 번이면 쉽게 해결될 상황인데 'No'라는 말을 하지 못해 번번이 원치 않는 일을 도맡아 하고 괴로워하는 사람도 있고, 또 누군가는 너무도 차갑게 상대의 부탁을 거절하기도 합니다. 또 누군가는 더 큰 성공을 위해 큰돈도 쉽게 빌리고 쓰지만 다른 누군가는 남에게 돈을 빌리는 일 자체가 용납이 안 되는 사람이 있기도 하죠. 매번 사랑을 갈구하며 이성을 찾아다니며 만나고 그 만남으로 인해 고민하고 슬퍼하는 이가 있는 반면, 누군가는 사랑을 원하면서도 상처받기 싫고 아프기 싫어 아무도 사랑하려 하지 않는 이도 있습니다. 이렇게 우리는 다양한 모습으로 관계 속에 존재합니다.

이야기 하나를 들려드릴게요. 동료와 자기를 차별하는 사장 때문에 괴롭다고 이야기하는 이가 있었습니다. 그는 너무 괴로워서 사장에 대한 미움이 한계치에 다다르고 우울증이 와서 병원 상담을 받을 정도라고 하면서 그는 "내가 외국인 노동자도 아니고 왜 이렇게 차별을 받아야 하는지 이해가 되지 않아"라고 이야기하는데, 그 이야기 속에는 자신도 모르는 모순이 자리하고 있었습니다. 자기는 차별받기 싫다고 하면서도 외국인 노동자와 자기를 다른 존재로 인식하고 있는 내면의 목소리가 있는 것이죠. 이렇듯 우리는 타인의 허물은 크게 보면서도 그 안에 있는 자신의 허물과 자신의 문제는 인지하지 못합니다.

고민을 털어놓는 수많은 사람들의 이야기를 듣다 보면 우리는 그 사람의 문제점을 명확하게 알 수 있으나 정작 본인만 문제를 몰라 헤매는 경우를 자주 보게 됩니다. 이럴 때 컬러는 자기 모습을 객관적으로 바라볼 수 있는 시각을 제공해 감정의 늪에서 허우적거리는 우리에게 도움을 줍니다. 어떤 도구 없이 자기를 객관적으로 바라보기는 쉽지 않을 뿐더러, 누군가가 나의 문제에 대해 일일이 나열하기 시작한다면 우리는 불쾌감을 느낄 것입니다. 이때 컬러를 통해 마치 거울을 보듯 나의 내면을 들여다보면 거부하던 마음이 수긍으로 바뀌는 것을 자주 볼 수 있습니다.

본인이 선택한 컬러가 어떤 메시지를 가지고 있는지 설명을 듣고, 그 메시지를 본인의 상황과 연결해 자기를 돌이켜 보면 다른 이의 피드백이 아닌 컬러가 들려주는 이야기로 자신을 인정하게 되는 것이지요. '내 마음속에 이런 게 있구나. 맞아 나 요즘 그랬어' 하고 말입니다.

그동안 정리되지 않아 읽기 어려웠던 내 마음을 컬러를 통해 이해해보시기 바랍니다. 내 마음을 이해하고 내 삶을 이해하다 보면 다른 이들을 이해하고 그들의 삶도 이해하게 될 것입니다. '저 사람은 왜 저래?'라는 판단이 아닌 '아, 저 사람도 이런 과정을 겪고 있구나' 하고 말입니다. 컬러는 판단이 아닌 있는 그대로의 나를, 상황을, 타인을, 이해하고 받아들이게 해주는 도구입니다.

이 책의 사용법

이 책은 총 9개의 컬러로 구성되어 있습니다. 한 컬러를 일주일 정도 시간을 두고 활용하기를 권해드립니다. 다음 9개의 컬러 중에서 가장 마음에 드는 컬러 하나를 선택해 그 컬러부터 읽고 활용하시기 바랍니다.

일주일 후에는 다시 컬러를 선택하고, 선택된 컬러를 시작하시면 됩니다. 그러면 9주 동안 9개의 컬러로 나의 마음을 한번 점검할 수가 있게 됩니다. 그리고 나중에 시간이 흘러 같은 방법으로 다시 진행하면 첫 번째 했던 것과는 또 다른 이해가 이루어질 것입니다.

이것은 하나의 방법일 뿐입니다. 여러분이 원하시는 다른 방법을 찾으셔도 됩니다. 가령 난 처음부터 순서대로 읽어가겠다 하셔도 무방합니다. 그리고 꼭 일주일에 한 컬러씩 하지 않으셔도 됩니다. 한 컬러에 한 달 동안 머물러 있으셔도 됩니다. 그 컬러에 적혀 있는 이야기들이 그대로 이해되고, 나에게 어떤 메시지를 줄 때까지 읽고 또 읽으셔도 됩니다. 모든 것을 여러분의 마음이 향하는 대로 하시면 됩니다.

자, 그럼 컬러가 당신에게 주는 질문을 통해 당신의 또 다른 모습을 만나볼까요?

지금 마음에 드는 컬러는 무엇입니까?

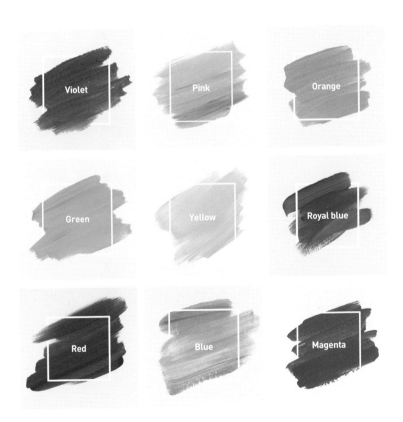

Part 1.
바이올렛
Violet

어쩔 수 없이 일어난 일들에
내 뜻대로 할 수 있는 건 아무것도 없어
그저 주저앉고 싶지만
그때마다 나를 일으키는 위로가 있습니다.
그 위로를 받으며 한 발 한 발 나아갈 때
어제보다 성장해 있는
나를 발견하게 되는 컬러입니다.

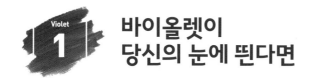

바이올렛이
당신의 눈에 띈다면

Violet

어스름한 저녁 아무 소리도 들리지 않는 조용한 성당이나 교회에서 어떤 방해도 받지 않고 홀로 기도하는 모습이 떠오르는 컬러입니다.

특별히 나쁜 일이 있는 것도 아닌데 아침이 오는 것이, 또 하루가 시작되는 것이 그리 기쁘게 느껴지지 않는 나날들입니다. 하고 싶은 것도, 만나고 싶은 이도, 흥미가 생기는 일도 없는, 그저 땅으로 꺼지는 것만 같은, 웃고 있는 이들 사이에서도, 햇살이 내리쬐는 가운데서도 눈물이 흐릅니다.

가슴 가득한 이 허무함을 누구에게 이야기해야 알아줄까요? 어디에 가야 해답을 찾을 수 있을까요? 내 스스로를 해치며 겨우겨우 버티는 시간들입니다.

이것들을 떨쳐 버리기 위해 무엇인가에 매달려도 봤습니다. 시간이 모자랄 정도로 무엇인가를 배워 보기도 하고 하루도 빠지지 않고 누군가를 만나고 돌아다녀도 그것들이 끝나고 혼자 있는 시간이 더 큰 허무함으로 다가옵니다.

바이올렛 에너지를 겪고 있는 분의 이야기입니다.

그녀는 들어올 때부터 생동감은커녕 숨소리 같은 작은 에너지도 느껴지지 않는 종이 같은 모습으로 다가왔습니다. 자신의 이야기를 꺼내놓지 않고 작은 바람에도 금방 꺼져버릴 것만 같은 모습으로 제 앞에 앉아 있었습니다.

'나도 거기서 빠져나오기 위해 이것저것 다 해보고 여기까지 왔습니다'라는 마음의 이야기가 들렸습니다. 저도 그녀가 겪고 있는 모든 것을 다 알 수는 없었죠. 그저 그녀에게 해줄 수 있는 것은 '기다려주는 것'과 '함께하는 것', 그리고 '기도'밖에 없었습니다.

삶을 살아가다 보면 모든 것이 내 마음과 같지 않을 때가 있습니다. 아무리 계획을 잘 세웠어도 주변의 상황들이 나를 흔들어 내가 중심을 잡을 수 없을 때처럼 말입니다.

너무 좋아서 연을 맺었던 배우자와의 아픈 이별, '사랑한다' 제대로 된 인사도 건네지 못하고 갑작스럽게 떠나보내게 된 가족, 마지막 고비만 넘기면 된다고 어렵게 버텨왔던 사업의 무너짐, 실력과는 무관하게 자꾸 밀리는 진급, 최선의 노력으로도 어찌할 수 없는 어려움이 찾아왔을 때, 내 힘으로는 어떻게 할 수 있는 것이 아무것도 없다고 느껴질 때, 우리는 신을 찾으며 신에게 기도합니다. 매달리고 울부짖습니다. 제발 이 상황에서 나를 버리지 말라고, 나를 이 어려움에서 제발 꺼내 달라고 말입니다.

내 힘으로 버티기엔 힘이 든 큰 슬픔을 경험할 때 바이올렛 에너지 속에서 잠시 쉬어보십시오. 그럴 때 바이올렛은 당신에게 따뜻한 위로를 줄 수 있습니다. 마음에 사랑의 위로가 있을 것입니다. 당신의 슬픔과 버거움을 신의 위로로 거두어 주실 겁니다.

바이올렛은 성장을 위해 꼭 거쳐야만 하는 성장통과 같습니다. 누가 나를 대신해서 아파해줄 수 없으며 그저 온전히 스스로 버티고 경험해야만 하는 것입니다. 기존에 나라고 생각했던 모든 것들에 혼란이 찾아오고 내가 이루어놓은 많은 것들이 순식간에 물거품처럼 사라져버립니다. 나를 둘러싼 주위의 모든 사람들이 떠나가고 이 세상에 나 혼자인 것 같은 감정을 경험합니다.

나라고 생각했던 것들이 강했던 만큼 그것들로부터 분리됨은 마치 내가 없어진 것처럼 당신을 무력하게 만들고 그 느낌은 곧 슬픔으로, 그리고 우울로 찾아옵니다. 그 슬픔이 버거워 누군가에게 손을 내밀고 누군가 또는 어떤 존재에게서 위안과 위로를 얻게 되면 지혜로운 당신은 다시 이성을 되찾게 되고 어느 순간 당신은 한

단계 성장되어 있는 자신을 보게 될 것입니다.

바이올렛은 아픈 성장통 같은 컬러입니다.

슬픔을 딛고
성장하는 바이올렛

Violet

바이올렛은 감성의 레드와 이성의 블루가 섞여 나오는 컬러입니다. 뜨거운 감성과 냉철한 이성의 완벽한 조화로 머릿속의 생각을 현실화시키는 영감의 컬러이고 예술의 컬러입니다. 또한 바이올렛에는 레드의 '땅'이라는 메시지와 블루의 '하늘'이라는 메시지가 포함되어 있는데 이를 해석하면 '땅과 하늘 사이에 일어나는 모든 일들'을 뜻하기도 하죠. 기쁘고 행복한, 힘들고 좌절하게 하는, 사랑과 미움, 시작과 끝, 인간에게 다가오는 그 모든 희로애락을 겪고 신의 뜻으로 한 발짝 다가가는 것이 바이올렛에 담겨 있는 의미이기도 합니다. 기쁨만을 경험하는 것도, 힘든 일만 경험하는 것도, 어느 한쪽으로 치우진 것입니다. 모든 것을 경험함으로써 얻는 것이 '앎'입니다. 그것이 성장의 바탕이 되는 것이죠. 경험이 빠진 지식은 그저 그럴싸한 말뿐이지만 경험에서 전해오는 말은 울림이 되듯이 말이죠.

아픔을 겪고 있는 이에게 길고 긴 이야기가 아닌 한 번의 포옹이 그에게 위로가 되고, 그를 위해 기도하는 순간이 그를 하루 더 버티게 하는 이유이며, 사랑과 연민이 담긴 눈빛에서 치유가 일어납니다. '사랑하는 내 딸아, 아들아' 하고 내밀어준 그 손이 있기에 우리는 넘어져도 다시 일어설 수 있는 용기를 얻습니다. 신이 우리를 보듯이 우리의 부모가 우리에게 그러했고, 우리가 우리 자녀에게 그러하듯이 내가 다른 이를 위해 그 손을 내미는 것이 바이올렛의 고귀한 에너지입니다.

그래서 바이올렛은 위로와 기도, 치유의 컬러이기도 합니다.

만약 당신이 아는 누군가가 운명을 달리했다는 이야기를 들을 때, 또는 당신이 아는 누군가가 어려움에 슬퍼할 때, 꼭 당신이 직접 알지 못하더라도 세상 어딘가에 작은 위로가 필요한 순간에 바이올렛은 그 순간과 그 장소에 위로를 주는 컬러입니다. 그 대상을 위해 당신이 기도할 때, 또 누군가가 그 대상을 위해 기도할 때 그곳에는 위로와 함께 치유가 일어나게 됩니다.

우리는 살아가면서 특별한 일이 없더라도 가끔씩 이유 모를 슬픔에 휩싸일 때가 있습니다. 당신이 만약 그런 이유 모를 슬픔이 느껴진다면 그래서 자꾸 눈물이 흐른다면 바이올렛 에너지 속에서 잠시 눈을 감고 머물러 보세요. 그리고 슬픔으로 가득 찬 당신 가슴에 손을 얹고 '괜찮아'라고 다독이며 이야기해보세요. 당신 가슴 속에 슬픔이 진정될 때까지 '괜찮아. 다 괜찮아질 거야…'라고 말입니다.

자격지심이라는 스스로의 허물에서
나오지 못하는 바이올렛

어느 중년 여성의 이야기입니다.

태어날 때부터 나에겐 아버지가 없었고 그 빈자리로 인해 우리 집은 항상 분주했습니다. 엄마는 아침 일찍부터 일을 나가 저녁이 되어서야 돌아오시니 나를 보살펴 줄 만한 여건이 되지 않고 혼자 있는 시간이 많은 어린 시절을 보냈습니다. 나중에 어른이 되고서야 알게 된 사실이지만 젊은 시절 돈 되는 일은 다 하시다 보니 엄마의 몸은 지금의 내 나이 때부터 성한 곳이 없이 평생을 앓아 오셨다는 겁니다. 난 모든 아이들이 다들 이런 모습으로 살아가고 있는 줄 알았습니다. 그런데 학교를 가고 한 해, 한 해 지나면서 알게 됐죠.

잘나가는 아빠를 둔 덕분에 선생님들의 관심을 독차지하고 좋은 집에서 아무 걱정 없이 잘 지내는 아이들이 있다는 것을요. 그 아이들은 딱히 일을 잘 하지 않아도 선생님들의 칭찬을 듣고 수업 시간도 그 아이들을 위한 시간처럼 흘러갔습니다. 그런 관심 속에서 그 아이들은 공부까지 잘하고 학교를 대표하는 여러 활동들을 하며 상장을 휩쓸었죠. 내가 지내온 삶들과는 사뭇 다른 인생을 사는 아이들이었습니다.

나도 모르게 무엇인가 화가 나고 배가 아팠습니다. 나도 그 정도는 할 수 있다는 것을 보여주고 싶었습니다. 그래서 악착같이 열심히 살았습니다. 더 밝게 지내며 친구들도 많이 사귀고 할 수 없는 일도 내가 해보겠다며 먼저 손을 들어 시도했습니다. 잘 풀리지 않는 문제들도 여기저기 쫓아다니며 나를 가르쳐 줄 수 있는 사람들을 만들었습니다.

그렇게 정신없이 살다 보니 어느새 최고라 불리는 대학은 아니더라도 나쁘지 않은 대학에 들어가게 됐고 최고의 학벌이 아닌 것을 커버하려 여러 자격증들을 따기 시작했습니다. 다행히 공무원이 됐고 성실한 남편을 만나 결혼해서 아이도 있고 모든 것이 순조롭게 흘러갔습니다.

그런데 아직도 어릴 적 그 친구들을 만나면 마음속에서 살짝 불편함이 느껴집니다. 세상이 규정 지어 놓은 것으로 본다면 오히려 지금의 내가 그들보다 가진 게 더 많고 남부럽지 않은데도 난 썩 유쾌하거나 행복하거나 편하지 않고 왠지 모를 불편함이 있습니다.

그리고 자꾸 그들과의 만남에서 더 밝고 더 크게 소리 내어 웃는 나를 발견합니다. 그들이 입고 나온 옷을 훑어보고 햇살에 비추는 그들의 머릿결을 몰래 봅니다. 나는 애를 낳고 달라진 몸매로 아가씨 때 입던 옷들은 입어 볼 엄두도 나지 않는데 이 애들은 아직도 30대 못지않은 멋스러움을 간직하고 있는 것이 짜증납니다. 왠지 지고 싶지 않다는 생각에 이것저것 그 애들에게 시비 아닌 시비로 잘난 척하고 왔지만 집에 돌아오니 내 자신이 초라하기 그지없습니다.

그분은 남부러울 것 없는 분이었습니다. 외부적인 상황만을 놓고 본다면 오히려 역전승이었지만 항상 만족감이 없으셨습니다. 몸은 성장했고 열심히 살아온 덕분에 환경도 좋아졌으나 언젠가부터 마음속 깊이 자리한 자격지심은 그녀 스스로를 자유롭지 못하게 만들고 있습니다. 자격지심을 녹여 없애버리고 친구들에게 용기 있게 고백하고 나면 지금의 멋진 자기 모습을 볼 수 있을 텐데 말이죠.

그녀처럼 여러분을 옭아매고 있는 자격지심은 무엇이 있습니까?

이별과 슬픔,
그리고 인생의 멈춤

사람마다 슬픔도, 기쁨도 겪게 되는 총량이 있다고들 이야기하죠. 처음엔 그 말을 우습게 생각했습니다. 남들이 보기엔 어떨지 몰라도 저 스스로는 그럭저럭 썩 나쁘지 않은 인생을 살고 있다고 생각했거든요.

좋은 대학은 아니더라도 수월하게 대학에 입학해 직장도 어찌어찌해 잘 다니고, 적성에 맞는 일도 남들보다 빨리 찾아 시작했으니까요. 고속도로에서 죽을 수도 있었던 사고며, 크고 작은 추돌사고까지 겪은 교통사고만 열 번이 넘어도 사고로 인해 깁스를 하거나 어디를 꿰맨 적도 없이 피 한 방울 나지 않고 무사히 모면했으니까요. 어릴 때부터 몸이 약해 여태껏 한 수술만 네 번이지만, 큰 병은 아니라 그럭저럭 무난하다 하며 살아오고 있었습니다.

그러다가 재작년, 저의 인생은 일 년여 동안 정지 상태로 머물렀습니다. 아무것도 할 수 없었고, 한 발짝도 앞으로 나아갈 수 없는… 말 그대로 정지였습니다. 가을이 오던 어느 화창한 날이었고 그날도 강의를 나가려던 차에 아빠에게서 전화 한 통을 받았습니다. 수화기 너머로는 낯선 여자의 목소리가 들리고 자신을 119 구급 대원이라 소개한 그분은 아빠가 교통사고로 지금 병원으로 이송 중이니 가족들은 병원으로 오라는 이야기를 했습니다. 귓가에 잠시 동안 '삐' 하고 울릴 뿐 아무것도 들리지 않았습니다. 정신을 가다듬고 외상이 있는지, 아빠 상태가 어떠한지 물었고 다행히 외상은 없지만 놀라셨는지 혈압이 낮다고 했습니다. 아빠 근처에 있는 가족들에게 연락을 취해 병원으로 가도록 조치를 취하고 저는 일단 강의장으로 갔습니다. 강의 직전 그 병원에서는 수습이 안 되니 대학병원으로 옮긴다는 신경외과 의사 선생님의 말을 듣고 무슨 정신에 강의를 마쳤는지 기억도 나지 않습니다. 강의가 끝난 후 택시에 타자마자 눌러놓았던 두려움이, 참고 있었던 슬픔이 마구 터져 나왔습니다. 나는 아빠에게로 갔고 병원에서는 환자의 상태가 너무 불안정해서 당장 수술을 할 수 없다며 하루 지나 내일 수술에 들어간다고 했습니다.

다음 날 의사는 가족들을 불러서 외상은 없으나 목뼈가 부러졌고 신경이 손상되어 수술도 어려운데 환자가 70대라 수술 중에 돌아가실 수도 있으니 마음의 준비를 하라고 했습니다. 그렇게 수술은 시작됐습니다. 길고 긴 시간이 흘러 수술은 끝이 났고 다행히 아빠는 수술 후 곧바로 의식을 차리시고 저희들을 둘러보셨습니다. 너무도 갑자기 일어난 사고, 급작스럽고 생각하지도 못했던 큰 수술은 아빠 연세에 감당하기가 쉬운 일은 아니었을 겁니다. 의사들은 아빠와 같은 경추 손상 환자들, 특히 아빠와 같은 케이스는 목 아래로 마비 상태가 될 것이며 수술이 잘 끝났어도 전신마비 환자에게서 발병하는 여러 상황들로 인해 2주 또는 한 달 안에 어떻게 될지 모르니 마음의 준비를 하고 있으라는 말을 계속하더군요. 우리 가족 모두는 패닉 상태에 빠졌습니다. 드라마에서나 보는 이야기였지 우리 가족에게, 우리 아빠에게 일어날 일이라고는 생각지도 못했던 일이었습니다. 그 순간 내가 얼마나 오만했는지를 느꼈습니다. 우리 가족에게는 그런 일이 안 일어날 거라니… 그럼, 그런 일을 겪는 사람은 따로 정해져 있다는 건가? 어리석고 오만하기 그지없는 저의 본모습을 마주했던 때였죠.

중환자실에서 나온 아빠는 놀라우리만큼 의식을 빨리 차리셨고 사고 때의 기억을 되살리시며 우리에게 기억의 조각들을 말씀해주셨습니다. 그러고는 아빠 팔이 안 움직인다, 아빠 발은 움직이느냐, 몸에 아무 느낌이 없다며 저희를 올려다보셨습니다. 아직 사고 충격과 수술 후유증도 가시지 않은 때니 우리 가족 모두는 아빠의 충격을 완화하기 위해 아빠에게 천천히 이야기하기로 하고 수술 끝난 지 얼마 되지 않아서 그러는 거니 금방 괜찮아진다며 되지도 않는 연기로 상황을 모면했죠. 그렇게 금방 좋아지실 줄 알았던 아빠는 첫 번째 수술에서 문제가 발생해 수술 2주 만에 2차 수술에 들어가셨습니다. 수술을 연달아 받는 것은 젊은 사람에게도 힘이 드는 일인데 노인의 체력으로는 보통 힘든 게 아니었을 겁니다.

아빠는 수술 중에 두어 차례 위급한 상황이 있었고 수술 후 나온 아빠는 첫 번째 수술 후와는 확연히 다른 컨디션이었습니다. 나아질듯 하시다가도 체력 손실이 많아서인지, 마음이 약해져서인지

두 번의 심정지가 왔고 중환자실과 모니터 병실을 오가는 일이 반복되는 시간들이었습니다. 아빠가 움직일 수 있는 부위는 오로지 머리와 목이었는데 아빠는 고통이 너무 심하셨는지 고개를 가로저으며 "너무 아프니 그냥 죽는 게 낫겠다"라고 괴로워하셨습니다. 저희는 약한 소리 하지 말라고 아빠를 부여잡았습니다. 그 모습에 저희는 할 수 있는 것이 아무것도 없어서 가슴이 찢어졌죠.

진통이 조금 사그라진 아빠는 저희 한 명, 한 명에게 생전 처음으로 고백을 하셨습니다. 엄마에게는 고생시켜서 미안하다고 하시고 언니들과 저에게는 "난 우리 딸들이 제일 예쁘다. 예쁜 딸들이 아니었으면 그 순간 그대로 죽었을 수도 있는데 너희들 생각하며 정신 차리고 더 험한 상황을 모면했다"라고요. 시간이 조금만 지나면 괜찮을 거라고 했던 저희의 말과는 달리 감각이 없는 팔다리를 느끼며 아빠는 스스로 본인의 상태를 조금씩 짐작하고 계시는 듯했습니다. 그리고 저희에게 여러 말씀을 하려던 모습은 사라지고 자꾸 천장을, 창밖을, 멍하게 바라보는 시간이 점점 길어졌습니다. 병문안 오는 그 많은 친구분들이 돌아가신 다음에는 아무 말씀 없이 보내시는 시간이 좀 더 길었고요.

그렇게 아빠의 시간은 멈췄습니다. 우리 가족들의 일상도 그대로 멈춰버렸죠. 창밖으로는 단풍이 물들고 낙엽이 지고, 눈이 내리는 겨울이 지나 새잎이 돋고 벚꽃이 병원 앞 창문 앞에 흩날릴 때도 우리는 계속 병원을 떠날 수 없었습니다. 아빠보다 더 심각한 상황으로 병원에 입원한 환자도 아빠보다 더 좋아져서 퇴원을 하고 걱정으로 가득했던 그의 가족들 얼굴엔 미소와 희망이 보였지만 우리에겐 그 미소 띤 얼굴이, 그 웃음소리가 마치 무성 영화처럼 와 닿지 않는 모습들이었습니다.

멈춰버린 그 시간은 우울감과 슬픔이 깊게 내려앉았던 시간들이었습니다. 저희에겐 작은 희망도 없이 그저 아빠가 하루라도 더 우리 곁에 계시기만을 바라는 시간들이 흘렀습니다.

움직이지 못하고 누워만 계시는 시간들이 많다 보니 70대 노인의 몸은 하루가 다르게 야위어 갔습니다. 처음엔 살이 좀 빠지는가 싶더니 그다음에 볼 땐 좀 더, 그리고 다음엔 뼈가 두드러지더니 나중엔 함부로 만질 수도 없을 정도로 간신히 뼈들끼리 붙어 있는 상태가 됐지요. 한밤중에도 가족들의 심장을 멈추게 했던 위급 상황들이 수시로 발생했으며 별일 아닐 거라며 마음속으로 되뇌며 병원으로 가던 그 무거운 침묵의 길이 아직도 생생합니다. 평안한 날보다 불안한 날들이 더 많았고 울리는 전화 벨소리엔 과민 반응이 생길 지경이었습니다. 몸도, 마음도 지쳐갔습니다. 그래도 아빠가 옆에 계신 것에 감사했죠. 그리고 딱 일 년 만에, 저희에게 이별할 수 있는 시간을 충분히 주시고 아주 맑고 화창한 날 이 생에서의 삶을 마치고 아빠는 하늘로 가셨습니다.

생각하고 준비했지만 이별은 생각만큼 쉽지 않고 그 슬픔의 크기는 익숙지 않습니다. 돌아가신 지 반년이 되어가지만 아직도 소리내어 울 수 없고 가슴은 끈적이면서도 강한 무엇인가가 휘몰아칩니다. 즐겁고 행복한 순간들을 살아내다가도 문득문득 깊은 서러움이 올라오고 그리움이 사무칩니다.

누구나 한 번쯤은 경험하는 일입니다. 다만 경험의 시간이 다를 뿐이죠. 이런 일을 겪으며 그동안 내가 다른 이들에게 건넨 위로가 얼마나 형식적이었으며 가슴 텅 빈 하찮은 것이었는지를 반성하고 또 반성했습니다. 워낙 다사다난했던 삶이라 어지간한 일에는 꿈쩍도 하지 않는다고 큰소리쳤던 제가 얼마나 경솔했는지 고개 숙여 회개하게 됩니다.

어쩌면 여러분도 이렇게 예상치 못한 일, 누군가와의 이별, 삶에서 실패라고 느끼는 일들을 경험하고 계실지 모르겠습니다. 하지만 신이 악취미가 있어서 우리가 괴로워하는 걸 보려 하는 게 아닐 겁니다. 저는 이번 일을 경험하면서 정말 고마운 게 있었습니다. 앞에서 말씀 드렸다시피 저는 수많은 교통사고와 수술, 생각과 달리 벌어지는 무수한 일들, 차마 적지 못한 지극히 개인적인 그 외의 많은 일들을 아빠 수술 직전까지 경험하고 있었습니다. 오죽했으면 이리 버거운 인생, 여기서 끝나도 괜찮겠다는 생각이 들 정도였죠. 그런데 아빠 일을 겪으면서 그 전까지 일어났던 일들이 얼마나 감사하던지요. 그런 일들이 없이 아빠 일을 겪었다면 전 아마 심장마비가 일어났던지 아니면 엄청난 쇼크로 지금과는 다른 삶이 펼쳐졌을지도 모른다는 생각이 들더군요. 그 전에 겪었던 무수히 많은 사건들이 마치 큰 충격을 막기 위한 사전 예방접종 같은 거라고요. 아직도 그 마무리에 있을 그 무엇인가를 찾아가고 있는 중입니다. 그 길 중간중간에 알게 되는 것들에 감사하면서요. 여러분들도 만약 저와 비슷한 감정들을 겪고 계신다면 그 상황에서 한 발짝 뒤로 물러나 현 상태에서 감사할 만한 것들을 찾아보시면 어떨까요? 감사할 게 하나도 없는 상황처럼 보이더라도 언젠가는 그 안에 숨겨진 깊은 뜻을 알게 되는 것이 바이올렛의 에너지입니다.

신과의 관계

교회를 다닌 지 6년 정도 되어가는 듯합니다. 무엇인가 마음에 크게 와 닿는 건 없어도 교회에 앉아 예배 보는 것이, 그 자리에 있는 것이 딱히 싫지도 않습니다. 다녀오면 왠지 마음의 때가 조금은 벗겨지는 것 같기도 하고 조금 악해지려던 마음도 정화되는 것 같고 나도 좀 좋은 사람인 듯 느껴지기도 해서 꼬박꼬박 다닌 것이 6년쯤 되는 듯합니다. 큰 사명도, 품은 뜻도 없지만 우연한 기회에 예배를 섬기는 봉사를 시작한 것도 4년 정도 됐습니다. 하나님에 대한 의심과 확신을 수시로 왔다 갔다 하면서도 그래도 끈을 놓을 수가 없는 믿음이었습니다.

그리고 아빠 사고가 있었고 저는 교회에서 너무 많은 은혜를, '어찌 다 갚을 수 있을까' 하는 도움을 받았습니다. 100명에 가까운 분들이 아빠 수술 시간에 맞춰 중보 기도로 약해지기 쉬운 아빠와 저희 가족을 매 순간 지켜주셨죠. 한없이 연약한 것이 인간인지라 왜 그런 생각을 하지 않았겠어요. '신이 있다면 이런 일을? 왜 하필 나에게? 우리 가족에게? 신이 있어도 이젠 날 버리시는구나' 온갖 별별 생각을 다 했죠. 하지만 그런 생각이 들 때마다 기도해 주시는 분들로 인해 다시 제정신을 차리고 온전한 정신으로 돌아올 수 있었어요.

아마 저보다 저희 아빠가 더 심하셨을 겁니다. 저희 아빠는 일평생 교회라고는 단 한 번도 가본 적이 없는 분이셨어요. 워낙 본인을 믿는 분이셨죠. 그러던 분이 그런 사고가 나니 한참을 창밖을 보며 무슨 생각을 하시더니 저희에게 물으시더군요.

"아빠가 누구한테 못되게 하거나 해를 끼치지는 않고 살았는데 왜 내가 이런 사고가 나서 이런 일을 겪고 있을까?"

아직도 그 순간을 생각하면 가슴이 미어집니다. 저희 아빠가 어떻게 살아오셨는지 너무나 잘 알고 있기에… 그 말씀을 하신 마음을 너무나도 잘 이해하기에….

다친 곳이라곤 목뼈뿐이라 정신은 사고 전과 다를 것이 하나 없고 달라진 거라면 내 마음대로 몸을 움직일 수 없다는 것, 그리고 손상된 신경 탓에 호흡의 문제로 기도삽관을 해 소리내어 말씀을 하실 수 없는 상태라는 것, 그런 상태로 상황이 안 좋아지면 중환자실로 가셔서 그곳에서 보낸 시간만 해도 몇 달은 될 것입니다.

중환자실은 면회가 하루에 딱 2번, 30분씩만 가능합니다. 그리고 간호사 한 명이 보살피는 환자는 일고여덟 남짓. 그러니 환자 한 명당 마주하는 시간은 그리 길지 않으며 상태가 좋지 않은 분들이 모인 중환자실이라 그곳의 분위기는 삭막하기 그지없습니다. 아픔을 참지 못하고 소리 지르는 환자들, 위급 상황을 알리는 경고음, 그리고 의사들의 다급한 처치 소리, 유명을 달리하는 분과 그 옆에서 슬픔을 참는 가족들, 침대가 비워지고 채워지는 곳, 물론 상태가 좋아져 입원실로 가는 환자도 있고요. 저희 아빠는 온전한 정신으로 그 모든 것들을 소리를 통해 접하면서 고통 속에 시간을 보내야 했습니다.

저희 아빠는 필요한 게 있어도 목소리를 낼 수도 없고 몸도 움직일 수가 없어서 오로지 눈이 마주쳐야 소통이라도 할 수 있는데 간호사가 아빠 옆을 지나가지 않으면 어찌할 방도가 없는 상황이었죠. 면회 때마다 아빠는 입술을 움직여 저희에게 나가지 말고 옆에 있으라 애원하셨지만 저희 마음대로 할 수 있는 사안이 아니었습니다. 지금 생각해보면 얼마나 끔찍한 시간이었을지, 얼마나 무료하고 일분일초가 세상이 멈춘 듯 움직이지 않는 시간들이었을지, 그래서 저희 아빠는 다음 면회 시간만을 기다리시기 위해 항상 시계를 바로 볼 수 있는 곳에 두라 하셨고 저희가 갈 때마다 몇 시인지, 오전인지 오후인지, 며칠째인지를 물으셨습니다.

아마 그 시간이 아빠에게도 제일 힘든 시간이었을 겁니다. 존재를 믿지도 않았던 신에 대해서 생각할 수밖에 없는 시간이었을 겁니다. 아빠를 위해 아무것도 해줄 수 없던 저는 중환자실에 들어갈 때마다 아빠가 어떤 존재였는지를 고백함과 동시에 《성경》 말씀 한 구절을 가지고 들어가 아빠에게 읽어 드리고 다음 면회 때까지 하나님께 도와달라고, 아빠 손을 놓지 않고 붙잡아 달라고 하나님께 매달리고 기도하라는 말을 남기고 나왔습니다. 또 다음 면회 때는 들어가서 저도 모르게 찬양을 불러 드리기도 했답니다. 어릴 때 동요 부르고는 처음이지 싶었습니다. 그렇게 조금씩 조금씩 하나님을 만나기 시작하는 시간들이었습니다.

저희 아빠가 휠체어를 타고 다시 걷는 기적은 일어나지 않았지만 우리 가족에게는 다른 기적이 일어났습니다. 일일이 열거할 수 없을 정도로 많은 분들의 기도와 배려로 교회 문턱 가까이 가본 적도 없던 아빠가 하나님 믿기를 선포하시고 병상에서 세례를 받으셨습니다. 하나님과 예수님도 모르셨던 분이, 찬송가가 무엇이고, 성령, 세례가 무엇인지도 모르던 분이 "하나님이 우리를 사랑하신대"라고 이야기하면 "왜?"라고 물으시던 분이 결국엔 하나님을 만나고 가셨습니다. 몇 년 교회 문턱을 넘던 저보다 더 순수하고 깊은 믿음을 가지고 하나님께 가시더군요.

아빠가 세례 받던 그날을 잊을 수가 없습니다. 서울에서 광주까지 저희 교회 목사님과 집사, 권사님들께서 아빠의 세례를 위해 직접 내려와 주시기로 했습니다. 아침부터 전국적인 궂은 날씨로 날은 스산했고 아빠는 며칠째 높은 염증 수치와 고열로 항생제를 맞으며 하루 종일 잠만 주무시는 날들이 지속됐습니다. 비가 오면 좋았던 컨디션도 더 나빠지던 때라 '세례를 잘 받으실 수 있을까?' 하는 걱정으로 병원에 들어섰는데 며칠째 거의 의식도 없이 잠만 주무시던 아빠가 아주 좋은 컨디션으로 얼굴에 미소까지 띠며 저희를 반겨 주셨죠.

1시간 동안 진행된 말씀과 찬양, 세례 동안 단 한순간도 목사님 얼굴에서 눈을 떼지 않으셨고 귀를 열어 하나님 말씀 듣는 것을 쉬지 않으셨습니다. 정말 은혜롭게 세례가 행해졌고 그날이 다 가도록 아빠는 낮잠 한번 주무시고 않고 하루를 보내셨죠. 어떻게 며칠을 앓으시다가 이렇게 컨디션이 좋을 수 있냐면서 전부 놀랐습니다. 그리고 그날 밤, 다시 열이 시작됐습니다. 세례 날만 괜찮으셨던 아빠를 보며 그것은 우연이 아니라 하나님이 깨우셨다는 것을, 잠시 만져 주셨다는 걸 알았습니다.

아빠의 사고를 가장 힘들어했던 저는 이상하게 아빠가 세례를 받으신 후로 슬픔과 불안이 조금씩 옅어졌습니다. 좋은 공연을 가거나, 좋은 것을 먹을 때면 제일 좋은 것과 제일 좋은 자리를 부모님께 먼저 드리듯이 왠지 아빠에게 좋은 자리를 만들어 드린 느낌이랄까요? 어디 계시는지 알 수 있는 곳이기에 다시 만날 수 있는 희망이 있다고 할까요? 그렇게 조그마한 평안을 허락하시고 두 달이 조금 지난 어느 날, 저희 아빠는 하나님 곁으로 가셨습니다. 가면 안 된다고 울부짖고 매달리던 제가 이제 평안히 쉬시라는 인사와 함께 그렇게 작별했습니다.

어떤 이들은 크고 작은 고난과 시련을 겪을 때 신에게서 돌아서기도 합니다. 그리고 또 어느 순간엔 차갑게 식었던 마음이 다시 신에게로 돌아가기도 하죠. 우리는 시시때때로 신을 부정하고 다시 회개하고 신에게 돌아가지만 그것은 우리의 변덕스러운 마음이고 상처받았다는 투정인 듯합니다. 우리가 알든 모르든 우리 곁에는 언제나 신이 존재하고 우리와 함께 걷고 있습니다. 보이는 걸 믿는 이에게는 신이 모습을 드러내기도 하고, 의심하는 자에게는 자꾸 존재를 보여주십니다. 우리가 하루에도 수백 번 내뱉는 숨처럼 그렇게 우리와 함께하십니다. 그것을 믿으면 지금 겪는 어려움 속에서도 앞으로 나아갈 수 있는 힘이 될 것입니다. 내가 겪고 있는 이 일들은 나의 또 다른 성장을 위한 것임을….

Violet - 이럴 때 눈에 띄고 우리에게 도움을 줍니다

"

- 내 주변의 모든 것이 나를 떠나가고 나 홀로인 듯할 때
- 내 힘으로는 해결할 수 없는 문제에 닥쳤을 때
- 큰 슬픔에 직면했을 때
- 신의 도움과 위로가 필요할 때
- 기도, 신의 힘이 필요할 때
- 자격지심으로부터 해방을 원할 때

"

3 바이올렛을 위한 조언

Violet

바이올렛의 사람들은 자기만의 엄격한 기준을 가지고 있는 이들입니다. 자신만의 삶의 방식이 있고 그 방식을 벗어나지 않으려하는 엄격함도 가지고 있지요.

그래서 내가 아끼는 대상들에게 그 엄격한 기준을 적용해 엄한 아버지, 엄한 어머니의 모습을 보입니다. 그러고는 본인 딸이 애같지 않다면서 고민이라고 하죠. 예의 바른 아이로 키우기 위해 엄한 기준을 갖다대면서 아이처럼 천진난만하고 밝은 모습까지 기대하는 것 자체가 욕심이 아닐까 싶습니다.

그 기준을 본인에게도 그대로 적용합니다. 밖에서는 우아하고 자애로우며 품격 있는 모습을 보이지만 자기와 자기 것이라 생각하는 대상들에겐 엄하기 그지없으니까요.

바이올렛은 비교하는 대상이 타인이 아닌 자기 자신입니다. 작년의 본인과 비교해서 더 나은 내가 되기 위해 한없이 노력하고 스스로를 채찍질합니다. 과거에 무엇인가 실수한 모습이 있다면 기억 속에서 그 모습이 사라질 때까지 더 좋은 모습으로 예전의 실수를 만회하려 합니다. 타인과의 비교가 아닌 전적으로 자신과의 비교인 셈이죠.

그렇게 나아가다가 계획대로 되지 않으면 당황하고 무엇이 잘못됐는지 자신이 걸어온 스텝을 돌아보게 되는데 그 과정에 딱히 실패의 원인을 찾지 못하면 혼란이 오게 됩니다. 삶의 전환점에서 예기치 못한 혼란을 겪을 때 잠시 흔들리더라도 그 혼란 속에서 중심을 잃으면 안 됩니다. 돛을 단 배가 역풍을 맞을 땐 그저 잠시 바람에 몸을 맡겨 바람이 나를 이끄는 대로 가보는 것도 스스로에게 새로운 경험과 성장을 줄 수 있는 기회일지도 모르니 말입니다.

당신 주변에 일어나는 나의 의도와는 상관없는 돌발 상황으로 인해 자괴감에 빠져 스스로를 슬픔에 놓기보다는 그 상황에서 한 발자국 떨어져서 객관적인 시각으로 바라볼 필요가 있습니다.

만약 당신이 바이올렛 에너지를 경험하고 있다면 당신의 힘으로 모든 것을 해결하려 하기보다는 제3자에게 솔직하게 당신의 상황을 고백해보십시오. 그리고 용기 있게 도움을 요청해보세요. 그러면 아무리 어려워 보이는 문제라도 오히려 쉽게 해결될지도 모르니까요. 흔들리되 중심을 잃지 말며 잠시 흔들린다고 당신이 없어지는 것이 아니라는 것을 염두에 두십시오. 그저 옷을 갈아입듯이 잠시 다른 모습을 경험한다고 생각하세요.

우리의 삶은 숱한 나날들로 채워지고 있습니다. 올해도 벌써 집 앞 양쪽 길가에 벚꽃이 피기 시작합니다. 매년 이맘때면 피기 시작해서 4월 초가 되면 절정을 이루죠. 어느 해는 꽃이 피자마자 비바람이 몰아쳐 꽃을 볼 수 있는 날이 며칠 안 되기도 하고, 또 어느 해는 계절을 느끼지도 못할 만큼 우울한 상황에 보지 못한 해가 있었습니다. 세계적인 바이러스로 밖을 나다닐 수가 없는 날도 있고, 어느 해는 누군가와 웃는 얼굴로 그 꽃 길 아래를 걷기도 했듯이 힘든 시간 속에서도 다시 시간은 흐르고, 꽃은 어김없이 피고, 우리는 또 그 길을 걷겠지요.

작년에 봤던 그 꽃을 보던 마음이 올해의 마음과는 다르듯이 우리도 그렇게 천천히 성장해가고 있는 것이 인생이 아닌가 싶습니다.

여러분, 조금 힘든 시간을 보내고 계시더라도 또 언젠가는 세상에서 가장 행복한 시간을 누릴 여러분이 되실 것이니 지나가는 시간 속에, 부는 바람결에 힘든 마음도 같이 흘려보내고 우리 같이 내일을 맞이해요.

감정 마주하기

Violet

지금까지 바이올렛이 가지고 있는 메시지들을 살펴봤는데 느낌이 어떠신가요? 요즘 느끼고 있는 감정과 비슷한 부분이 있으신가요? 요즘의 일과 감정은 아니지만 여태까지 살아온 중에 잊고 있었던 기억이 떠오르시지는 않았나요?

컬러는 지금 당장의 느낌을 들여다보게 하기도 하지만 오래 묵혀 두었던 감정들을 해결해야 할 때 그를 알려주기도 합니다. 그 당시에는 너무 힘들어서, 슬퍼서, 다른 일들을 처리하느라 보살피지 못했던 나의 감정들이 있을 것입니다. 더 오래 묵혀두지 말고 이제 용기를 내서 그 감정을 꺼내어 마주해볼까요? 여러분은 그때처럼 연약하지도 않고 그때의 상황과는 많이 달라져 있습니다.

자, 그러면 지금부터 당신의 이야기를 들어 볼까요?

아무 형식 없이 적고 싶거나 떠오르는 기억, 감정들을 자유롭게 써내려가는 시간입니다. 말이 안 되더라도 괜찮습니다. 누구에게 보여줄 것도 아니에요. 그저 오래 묵혀 두었던 또는 누군가에게 털어놓기에는 좀 애매했던 나의 이야기를 스스로에게 들려주는 시간이랍니다. 자유롭게 써내려가다 보면 또 알게 되는 부분이 있을 거예요. 그럼 여러분의 감정을 적어 볼까요? 그리고 혹 적는 것보다 이야기하는 게 더 편하신 분들은 다음 형식을 토대로 나의 이야기를 털어놓을 수 있는 친구에게 이야기하는 시간을 가져도 좋습니다.

(샘플 단어/문장)

눈물이 나.
나의 슬픔은…
아무것도 하고 싶지가 않아.
일어설 수가 없어.

생각나는 것들을 다 적으셨나요?

그럼 잠시 차 한잔을 드시거나 노래 한 곡을 들으며 생각을 전환하는 시간을 갖겠습니다.

이제 다시 한번 여러분이 적은 단어나 문장들을 보겠습니다. 단, 나의 감정과 분리해 내가 모르는 제3자가 적은 것처럼 읽어 볼까요?

어떤 단어들이 적혀 있나요? 이 단어들을 적은 사람은 바이올렛의 어떤 에너지에 몰입이 되어 있는 것 같습니까? 그에게 필요한 것은 무엇이라고 느껴지시나요?

그럼 지금의 당신에게 필요한 것은 무엇일까요?

내가 나에게 주는 위로

오늘도 살아내느라 고생했어.

바이올렛을 위한 한마디

Violet

여러분이 바이올렛을 경험하고 있다면 필요할 때마다 다음 글들을 마음속으로 따라 해보세요. 다음 문구 중 가장 와 닿는 글귀를 아침에 일어나서, 그리고 하루를 마감하기 전에 가슴에 두 손을 얹고 스스로에게 이야기해주세요. 그리고 여러분은 바이올렛 에너지 경험이 끝났더라도 주변 누군가가 바이올렛 에너지를 겪고 있다고 생각되면 조용히 그들에게 이런 말들을 전해줘도 좋습니다. 당신의 사소한 한마디가 그에게는 절실히 필요한 말일 수도 있거든요.

많이 힘들었지.
충분히 잘 견뎠어. 대견해.
울고 싶으면 소리내서 울어도 돼.
네 옆엔 너를 위해 함께 기도하는 우리가 있어.
고된 시간이었지만 성장시키는 시간이었을 거야.
너는 항상 영감을 주는 존재잖아.

바이올렛을 위한 이야기

- 한 의사의 고백 (이탈리아) -

가장 어두운 악몽 속에서 나는 이탈리아에서 일어나고 있는 일을 지난 3주간 우리 병원에서 보고 경험하게 되리라고 상상하지 못했습니다. 악몽은 강처럼 계속 흐르고 있고, 점점 더 커지고 있습니다.

2주 전까지만 해도 나와 나의 동료들은 무신론자였습니다. 의사인 우리에게 그것은 자연스러운 일이었습니다.

75세 된 목회자분이 병원에 입원했습니다. 그는 친절했습니다. 그는 호흡하는 데 심각한 어려움을 가지고 있었는데도 죽어가는 환자들의 손을 붙잡고, 그들에게 《성경》을 읽어주었습니다. 그 모습은 우리에게 감명을 주었습니다.

우리는 한계에 도달했습니다. 더 이상 아무것도 할 수 없습니다. 사람들이 매일 죽어가고 있습니다. 우리 동료 중 두 명이 죽었고, 다른 동료들은 감염이 됐습니다. 우리는 하나님께 도와달라고 기도하기 시작해야 한다는 것을 깨달았습니다. 우리는 쉬는 시간 단 몇 분이 생길 때 기도합니다. 비록 우리가 격렬한 불신자들이었지만, 우리는 이제 매일 평안을 구하고 있으며, 주님께 우리가 병자들을 돕는 일을 계속할 수 있도록 도와달라고 기도합니다.

어제 그 75세 된 목회자분이 죽음을 맞이했습니다. 3주 동안 여기에서 120명 이상의 사망을 봐왔음에도 불구하고, 우리는 무너져 내렸습니다. 그 목회자분이 어려운 자신의 상태에도 불구하고, 우리에게 평안을 가져다주었기 때문입니다. 그 평안은 우리가 이제는 더 이상 찾을 수 없을 거라고 생각했던 평안이었습니다.

나는 6일 동안 집에 가지 못했습니다. 나는 마지막으로 식사를 한 것이 언제인지도 모르겠습니다. 나는 지구상에서 나의 무가치함을 깨닫게 됩니다. 나는 내가 마지막으로 한 호흡을 쉴 때까지 다른 사람들을 돕고 싶습니다. 비록 나는 고통 받는 사람들과 나의 동료들의 죽음에 둘러싸여 있지만, 내가 하나님께로 돌아왔다는 사실에 행복합니다.

콜드 플레이(Coldplay)의 〈Fix you〉라는 노래 가사의 일부를 해석하면 이런 내용이 있습니다. 바이올렛을 위한 가사 같습니다.

최선을 다했지만 성공하지 못했을 때
원하던 걸 얻었지만 필요한 걸 놓쳤을 때
힘에 겨워 쓰러져도 잠은 오지 않고
엉망진창이지.

눈물이 뺨을 타고 흐를 때
대신할 수 없는 무엇인가를 잃었을 때
사랑했지만 허탈한 결말을 맞을 때
그보다 아픈 게 있을까?

(…중략…)

마음이 저 위로 치솟거나 저 밑으로 추락할 때
너무나 사랑해서 보내줄 수 없을 때
하지만 해보지 않으면 알 수도 없어.
당신이 얼마나 가치 있는지

(…중략…)

약속해, 실수를 딛고 일어서는 내가 될게.

Part 2.

핑크

Pink

충분히 사랑스러움에도 불구하고
자신의 매력을 부정하며,
더 사랑 받기 위해 애쓰고 혼자 눈물 흘리는 핑크.
사랑 받기 위해 당신은
아무것도 하지 않아도 됩니다.
그저 자기를 다독여주고 사랑해주세요.

핑크가
당신의 눈에 띈다면

Pink

여러분에게 선택된 오늘의 컬러는 핑크군요. '핑크' 하면 어떤 이미지가 떠오르시나요? 저는 긴 겨울이 지나고 벚꽃이 피기 시작하는 햇살 좋은 어느 날, 첫 데이트를 하러 나가는 발자국, 세상에 대한 모든 설렘을 간직한 눈망울의 소녀가 떠오릅니다. 여러분에게 핑크는 어떻게 다가오시는지 잠시 마음속으로 느껴 볼까요?

핑크는 나에게 일어나는 여러 상황들, 설령 그 상황들이 내 마음에 들지 않는 상황일지라도 그 상황 그대로를 받아들여야 할 때 눈에 띄는 컬러입니다. 우리는 내가 처한 상황이 너무 힘들어 감당하기 어려울 때 그것을 객관적으로 볼 용기가 없어 직면하기를 회피하는 경향이 있습니다. 마치 침대 아래 뭉쳐 있는 먼지 뭉치를 보고도 귀찮아서 덮어 놓고 그럴싸한 포장으로 잘 살고 있는 것처럼, 아무 일 없는 것처럼, 괜찮은 것처럼 말이죠. 하지만 보이지 않는다고 그 먼지 뭉치가 없는 것은 아닌 것처럼 나를 힘들게 하는 그 원인은 내가 모른 척한다고 해서 사라지는 것이 아닙니다. 아무렇지 않게 잘 지내는 듯하다가도 어느 순간이 되면 해결하지 못한 그 감정들 때문에 끝이 없는 구덩이로 스스로를 한없이 몰고 가기도 합니다. 그럴 때 핑크는 내가 직면해야 할 나의 모습, 나의 상황을 볼 수 있게 용기를 가질 수 있도록 도와줍니다.

핑크는 사랑의 컬러입니다. 사랑에 대해 알 수 없는 반복된 패턴이 있을 때, 그 패턴이 나에게 그다지 유익하거나 유쾌하지 않은 패턴일 때 핑크는 당신 안에 잘못된 사랑에 대한 패턴을 바로잡게 도와줍니다.

어릴 때 충분하게 받지 못했던 사랑 때문에 항상 타인의 보살핌과 애정으로 그 허전함을 채우려 하고 누군가로부터 끊임없이 사랑을 갈구하는 모습이 있다면 또는 누군가에게 사랑받기 위해 자신의 진짜 모습을 숨긴 채 타인이 원하는 모습으로 살아가고 있을 때 당신에게 핑크가 필요한 순간입니다. 꼭 무엇을 해야만 사랑받는다는 잘못된 인식을 바로잡고, 당신 존재 자체로 충분히 인정받고 사랑받을 수 있는 사람이라는 것을 당신이 인지하기를 바랄 때 핑크 컬러가 당신에게 다가올 것입니다.

핑크의 무한한 사랑을 경험하면 핑크는 당신의 삶에 풍요로움을 가져다줄 것입니다. 스스로에 대한 자신감을 회복해 딱딱하게 굳은 마음을 말랑말랑하게 만들어주고 그 부드러워진 마음으로 다른 이를, 그리고 세상을 왜곡 없이 바로 볼 수 있게 도와줍니다. 상처받기 싫어 높이 세운 마음의 담은 이성에 대해 까다로운 조건을 내세워 스스로에게 사랑이 다가오지 못하게 방어막을 칩니다. 그래서 누군가가 다가와도 쉽게 받아들일 수가 없었을 것입니다. 하지만 핑크는 사랑의 숨결로 당신의 마음을 부드럽게 만들어 상대가 가지고 있는 본연의 아름다움을 볼 수 있게 도와주어 당신에게 낭만적인 사랑을 가져다줄 것입니다. 사랑을 꿈꾸고 있다면 핑크로 포인트를 주십시오. 사랑스러운 에너지로 당신을 감싸 당신의 아름다움을 돋보이게 할 것입니다.

핑크는 이성 간에만 작용하는 것은 아닙니다. 핑크는 서로의 마음과 마음을 연결해주는 컬러입니다. 그래서 당신이 고객을 만나 계약을 성사시켜야 할 때, 또는 대하기 어려운 상대를 만날 때 핑크는 그 상황에 도움을 줍니다. 핑크의 사랑이 나와 상대의 마음에 변화를 주어 마음의 부담감을 사랑으로 녹여 주고, 상대에 대해 가지고 있는 여러 생각을 느슨하게 만들어 줍니다. 그런 내 마음의 변화로 상대 또한 나를 부드럽게 바라봐주고 자칫 부담스럽고 딱딱할 수 있는 협상의 자리가 훨씬 부드러워질 수 있습니다. 실제로 고객에게 계약을 성사시켜야 하는 영업인이 핑크를 사용한 후 계약이 성사되는 사례가 꽤 있었습니다. 잘 보여야 할 누군가가 있다면 그

와 만날 때 핑크로 포인트를 살려 보세요. 그리고 호흡을 통해 만남의 공간에 핑크의 사랑 에너지를 가득 채워 보세요. 그러면 상대가 들어오면서부터 나에게 호의적으로 다가올지도 모르니까요.

사랑을 원하지만
사랑 뒤에 숨는 핑크

Pink

그럼 지금부터 핑크 컬러가 가지고 있는 이야기들을 하나씩 살펴볼까요?

그 전에 짧은 상상을 해보도록 하겠습니다. 여러분은 어느 햇살 좋은 날 커피숍 창가에 앉아 차를 마시며 길거리를 오가는 사람들을 바라보고 있습니다. 마침 퇴근시간이 된 어느 회사 건물에서 한 무리의 사람들이 나오는데 그중 한 여성이 옅은 핑크색 원피스를 입고 있는 것이 눈에 띕니다. 그 여성의 표정은 어떠한가요? 미소를 짓고 있나요? 아니면 침울해 하는 표정인가요? 그녀의 발걸음은 또 어떻습니까? 지치고 무거운 발걸음인가요? 아니면 누군가를 만나러 가는 가벼운 발걸음인가요? 여러분은 얼굴도 모르는 핑크색 원피스를 입은 그 여인을 어떻게 그리고 있습니까? 그 여인을 상상할 때 여러분의 마음속 감정은 어떤 감정들로 채워졌습니까?

다양한 감정들과 스토리들로 채워졌겠지만 핑크를 떠올리면 어울리는 몇 장면들이 있습니다. 엄마 품에 살포시 안겨 있는 갓난아이, 그 아이를 둘러싸고 사랑스럽게 바라보는 가족들, 그 아이가 아장아장 넘어질듯 하다가도 한 발 한 발 걸음을 떼는 모습을 보며 기뻐하는 그 순간, 그 아이가 어느덧 어른이 되어 좋아하는 사람을 만나러 가는 설렘 가득한 순간, 사랑 가득한 눈빛으로 서로를 바라보는 사랑하는 이들의 모습, 내일 또 만날 테지만 지금은 헤어져야 하는 아쉬움과 애틋함으로 어찌할 줄 모르는 간절함, 떨어져 있던 시간만큼 더 커진 상대에 대한 그리움, 사랑하는 마음이 커지다 못해 왜곡되어진 미움, 질투, 그리고 헤어짐, 그리고 헤어진 이유를 스스로에게서 찾는 자책, 미련, 그리고 후에 찾아오는 성숙의 시간.

핑크는 우리 인생의 여러 순간들에서 사랑에 관련된 감정들을 들여다보게 도와줍니다. 나의 첫사랑, 설레던 사람, 설레던 순간, 최고로 사랑받던 시간, 누군가를 한없이 사랑하던 시간 등 헤아릴 수 없는 무수한 사랑의 시간들을 설명하죠. 달콤한 시간은 항상 빨라 매번 아쉬움을 남기고 그 시간이 빨리 지나간 만큼 부족한 것만 생각나는 것처럼 핑크는 우리에게 사랑과 후회와 미련을 남긴 시간들을 돌아보게 하는 컬러입니다. 그럼 이제 우리 마음속에 있는 사랑의 기억을 꺼내 볼까요?

갓난아이를 품에 안은 엄마의 무조건적인 사랑

우리는 세상에 태어날 때 엄마의 배 속에서 열 달 동안 충만한 사랑을 경험합니다. 아이가 생겼다는 소식은 가족에게 축복이며 기쁨으로 충만하게 합니다. 주변 모두에게 축하를 받으며 부모는 평소보다 더 조심스럽게 더 좋은 것만 보고, 좋은 것을 챙겨 먹으며, 좋은 생각을 하려고 노력합니다. 그 노력들의 이유는 전부 배 속에 있는 새 생명에게 세상에서 가장 귀한 것만 주고 싶은 마음에서 비롯되는 행동입니다. 그래서 우리는 엄마의 배 속에 있을 때 가장 아름다운 사랑을 경험하며 세상에 태어납니다. 그리고 고된 산고 끝에 만난 세상에서 처음 접하는 것은 그토록 나를 기다린 엄마의 감격스러운 얼굴과 따스한 품이지요. 열 달의 기다림 끝에 만나게 된 새 생명을 안는 그 품은 오직 사랑만이 가득할 것입니다.

우리는 인생을 살아가면서 어쩔 수 없이 수많은 역경들을 겪게 됩니다. 처음 걸음마를 배우며 아장아장 첫발을 내딛다가 넘어져 울음이 터질 때도 뒤에서 다가와 괜찮다고 안아주는 엄마의 품을 느낍니다. 처음 학교를 갈 때도 엄마와 떨어져 새로운 환경에 적응해야 하는 불안함 속에서 하루를 보내고 집으로 왔을 때 그 자리에 그대로 있는 엄마를 보며 안도를 합니다. 세발자전거를 뒤로하고 처음 두발자전거를 배울 때도 뒤에서 조용히 넘어지지 않게 잡아주다가 어느새 손을 떼고 뒤에서 '탄다 탄다' 마음속으로 주문을 걸며 기도하는 아빠가 있습니다. 처음 학교를 가는 손녀에게 예쁜 구두를 선물하며 좋은 길만 걸으라고 선물하는 할아버지가 있습니다. 그렇게 딸이 성장해 처음으로 좋아하는 사람이 생기면 서운하면서도 딸이 상처받지 않도록 지지해주는 부모가 있습니다. 그리고 그 사랑이 끝나 세상이 무너지는 듯한 경험을 할 때 안겨 울 수 있는 엄마의 품이 있습니다. 이런 엄마의 품은 무조건적인 사랑의 에너지를 담고 있습니다.

예전 어느 목사님의 설교가 생각이 납니다. 목사님의 따님이 바이올린을 배우고 싶다고 해서 알아보니 레슨비가 만만치 않았다고 합니다. 그 금액은 다른 어려운 아이들을 여러 명 도울 수 있는 금액이라 목사님은 고민이 됐다고 해요. '목사인 내가 내 자녀가 배우고 싶어 하는 것을 가르치는 것이 더 기쁠까, 아니면 목사로서 상황이 어려운 아이들을 돕는 것이 더 현명한 것인가?' 고민을 거듭하다가 결국 본인의 딸에게 바이올린을 가르치기로 결정하셨다고 합니다.

그런데 레슨을 시작한 지 한 달, 두 달이 지나 반년이 넘었는데도 딸의 바이올린 실력은 나아질 기미가 보이지 않고, 그 소리는 시끄러운 소음을 벗어나지 못했다고 해요. 목사님 주변분들은 딸이 바이올린에 소질이 없으니 그만 시키는 것이 어떤지 조심스럽게 이야기를 했습니다. 목사님도 레슨을 그만두고 그 돈을 다른 곳에 써야 하는 것이 아닐까 고민을 하셨지만, 결국엔 내 딸이기에 소질이 없어도 그 아이가 하고 싶어 하는 것을 하며 즐거워하는 모습을 보면서 그것을 그만두게 하지 못하셨다고 합니다. 그러면서 하나님이 우리를 볼 때도 그와 같은 아버지의 마음이라고 말씀을 이어가셨죠. 믿음을 이제 갖기 시작한 저와 같은 초신자에게 그 말씀은 우리를 향한 하나님의 사랑을 단번에 이해시키는 말씀이었습니다.

핑크는 그런 마음과 같은 컬러입니다. 내 자녀가 소질이 있든 없든, 남들이 뭐라 하든 하지 않든, 내 자녀가 원한다면 무엇이든지 할 수 있는 것이 부모의 마음인 듯합니다. 그 부모의 끝없는 사랑, 조건 없는 무한정의 사랑이 핑크의 메시지입니다. 그래서 우리는 각자의 인생을 열심히 살면서 원동력이 떨어지거나 무조건적으로 나를 믿어주던 그 사랑이 그리워질 때 핑크에 끌리기도 합니다. 엄마 품속에서 편히 쉬고 싶을 때, 나를 무조건적으로 믿어주고 지지해주는 힘과 사랑이 필요할 때 말이죠.

혹시 여러분도 그러하지는 않으신가요? 내가 하는 일에서, 또는 내가 사랑하는 사람으로부터 거부당하고 외면당하는 것 같은 느낌이 들 때, 그래서 내 존재감이 흔들리고, 내 스스로를 부정하게 될 때, 남들이 나에 대해 하는 말들과 그들의 차가운 시선에 흔들려 내가 가고 있는 이 길이 맞나 확신이 서지 않고 불안할 때 '나는 네가 하는 일이라면 무엇이든지 널 지지한단다'라고 말하던 그 사랑이 필요하지는 않으신가요? '너의 뒤에는 항상 내가 있단다. 그러니 불안해하지 말고 그대로 너의 길을 가렴'이라는 말이 필요하신 가요? 만약 그렇다면 당신을 열 달 동안 정성스레 품고 당신이 태어났을 때 세상 그 어떤 순간보다 행복해했을 부모님과 가족의 사랑을 기억해보세요. 당신은 당신의 존재 자체로 이미 완전한 행복이었음을요.

사랑을 꿈꾸는 로맨티시스트

충분한 사랑을 받고 자란 핑크는 가슴에는 사랑이 가득하고 매 순간 낭만을 꿈꿉니다. 그래서 핑크 에너지를 담고 있는 이들을 보면 얼굴에 낭만이 가득합니다. 세상에 대한 호기심과 사랑으로, 만나는 이들에게 호의와 친절을 베풀죠.

그런 핑크의 마음에 사랑이 들어오게 됩니다. 누군가를 좋아할 때 상대의 여러 상황과 조건을 보며 나와 만날 수 있는 사람인지, 아닌지를 생각하며 만나는 이들이 있는가 하면 핑크는 그런 생각을 할 겨를도 없이 상대의 무엇인가가 좋으면 그 마음에 드는 모습 하나로 사랑이 시작되는 사람들입니다. 온 신경이 상대를 향해 있고 그가 어디에 있는지, 무슨 생각을 하는지, 그의 모든 것이 궁금해지며 그를 떠올리는 것만으로도 행복해 얼굴은 이루 말할 수 없

는 사랑스러움으로 발그레해지고 그러다 사랑이 너무 넘쳐 행복감
에 눈물이 흐르기도 합니다. 자기가 사랑하는 사람을 위해 모든 걸
줄 수 있을 정도로 상대만 보이는 순수한 사랑의 소유자이죠. 누군
가는 그런 핑크를 보며 정신 차리라고, 현실을 보라고 조언하지만
핑크는 그런 주변의 소리가 들리지도 않고 그런 말에 흔들리지도
않습니다. 마치 세상에 나와 그, 단둘만 보이는 상태처럼 '나로 인
해 내가 사랑하는 사람이 조금이나마 행복해진다면 나는 그것으로
충분히 행복하다'를 외치는 이들입니다. 매번 사랑을 하게 될 때마
다 항상 처음 하는 사랑인 듯 아낌없이 자신의 마음을 다 바쳐 사
랑을 합니다. 어쩌면 핑크는 완전한 사랑을 찾기 위해 이 세상에

온 존재들일지도 모르겠습니다.

현실을 살아내느라 잠시 멀어진 듯한 감정일지라도 우리의 가슴속 어딘가에는 사랑에 대한 순수한 열정이 남아 있습니다. 핑크 컬러를 간직한 이들은 다른 이들보다 더 오래, 더 많이 그 감정을 지키고 추구하고 있는 이들이지요.

그럼 당신에게 핑크는 어떤 의미일까요? 누군가를 열렬히 사랑하고 싶은데 사랑을 줄 만한 대상이 없다고 생각하시나요? 또는 예전처럼 가슴 뜨겁게 열정을 다하고 싶은데 그 열정이 사라진 것 같아 허무함을 느끼고 있나요? 핑크를 선택하는 이들은 지루한 일상에 로맨스가 생기길 꿈꾸고 있을지도 모릅니다. 20대의 사랑처럼 아무것도 생각하지 않고 메마른 가슴을 다시 뛰게 할 그 무엇인가가 생기길 원하고 있을지도 모릅니다. 그래서 내 삶에도 다시 활력이 생기길 원하면서 말이죠. 무엇을 할 때 여러분은 가슴이 뛰고 행복하신가요?

사랑이 상처로 남다

오래전 어느 광고에서 "사랑이 어떻게 변하니?"라며 처절히 외치던 남자 주인공의 모습이 떠오릅니다. 첫사랑이 시작될 때는 이 사랑이 처음의 설렘 그대로 끝까지 지속될 거라는 굳건한 믿음이 있죠. 하지만 어느새 그 사랑은 시들해지고 나를 한없이 사랑스럽게 바라보던 그 눈빛이 식어감을 느끼며 나 또한 상대를 향했던 순수하고 뜨거웠던 마음이 달라짐을 느낍니다. 변해가는 사랑을 받아들이지 못하고 서로는 서로를 날카롭게 할퀴고, 그 할퀴어진 상처가 아물기도 전에 다시 더 큰 상처가 되어 결국은 헤어지게 됩니다.

서로의 마음이 함께 끝나는 것은 어쩌면 행복일지도 모르겠습니다. 상대는 사랑이 끝났는데 내 쪽에서 끝나지 않았거나, 반대로 나는 사랑이 끝났음을 직시하는데 상대가 끝나지 않는다면 이는 아픔의 시작입니다. 그래서 '사랑이 어떻게 변하니?'라는 말이 나오게 되죠. 뜨거웠던 만큼 미련이 남고 사랑하는 마음이 컸던 만큼 그 빈자리가 아려옵니다.

핑크는 사랑에 대해 계산을 하지 못하는 사람들입니다. 여기에서 계산은 흔히 이야기하는 밀당을 말합니다. 사랑하는데 뭘 계산하고 무슨 밀당 같은 게 필요하냐 반문하며, 내가 사랑하는 만큼 온 마음을 다해 그 사랑을 표현하는 사람들이지요. 보고 싶으면 보고 싶다고 이야기하고 만나고 싶으면 멀리 떨어져 있거나 상황이 여의치 않아도 어떻게든 만나러 가는 순수한 사랑을 추구하는 이들입니다. 그렇게 열렬히 순수하게 사랑을 했기에 그 사랑이 끝났다고 상대에게서 이별 통보를 받게 되면 다른 이들보다 그 상처는 더 크게 다가옵니다. 이 세상이 핑크빛 사랑으로 가득 찼다가 그 사랑이 한순간에 사라지게 되는 것이지요. 말랑말랑하게 사랑으로 가득 채웠던 마음은 끝이 없는 낭떠러지처럼 허무함의 끝으로 내동댕이쳐질 마음만 남을 뿐입니다. '내가 아무것도 보지 않고 오직 그 사람만 보고 그 시간을 보냈는데 어떻게 나한테 그럴 수 있지? 이제 나는 어떻게 해야 하지? 다른 사람들은 그 시간에 이뤄 놓은 것이 저렇게도 많은데 난 아무것도 없는데…' 이런 생각들로 지나간 시간들이 후회만 남게 되죠.

이는 꼭 남녀 간의 사랑만 해당되는 것은 아닙니다. 직장에서의 일이든, 또는 자신만의 꿈을 위해서든, 무엇인가에 열정과 시간, 사랑을 다 쏟았지만 연인에게서 이별을 통보받는 것처럼 그 결과가 내 바람과 다르게 나올 때도 같은 허무함을 느끼게 될 수 있습니다. 취업을 준비하면서, 직장에서 진급과 직결된 큰 프로젝트를 진행하면서 바쳤던 수많은 시간과 노력, 열정이 그와 같습니다. 그런데 그 결과가 기대와 같지 않을 때 우리는 많은 감정들과 생각들이 들게 됩니다. '내가 얼마나 열심히 했는데', '남들은 마냥 놀고 흥청망청 시간을 보낼 때 내가 얼마나 열심히 노력하며 살아왔는데… 어떻게 이럴 수가 있지?'처럼 말이죠.

이런 일들은 우리가 살아가면서 종종 느끼게 되는 감정들입니다. 하지만 이런 감정들을 모두가 느끼지는 않습니다. 학교 때 시험을 치른 아이들의 반응을 보면 그것을 알 수 있습니다. 시험 후 환호를 하며 즐거워하는 경우는 대충 찍었는데 그게 정답이었을 때입니다. 반면에 한숨을 쉬며 아쉬워하는 경우는 공부를 열심히 했던 친구들이 분명히 공부한 건데 실수를 했을 때, 또는 만점을 기대했는데 그렇지 못했을 때이죠. 당신이 근래에 이런 감정을 느꼈다면 그것은 당신이 열심히 살았고 최선을 다했다는 이야기입니다. 그러니 결과가 당신의 기대에 미치지 못해 다소 실망스럽더라도 너무 스스로를 자책하지 마시길 바랍니다. 도전이 있기에 실수도 있고 그 실수를 발판 삼아 당신은 더 멋진 도전을 하고 있을 테니까요.

거절당하기 싫어 나 혼자 하는 사랑

사람은 누구나 가장 아끼고 중요하게 생각하는 것에서 상처받기 쉽습니다. 핑크는 어떤 컬러보다도 사랑에 큰 비중을 두는 컬러이기 때문에 사랑에 대한 상처도 큽니다. 산이 깊을수록 골이 깊다는 말처럼 사랑에 대한 기대가 높기 때문에 사랑에서 경험한 한두 번의 실패와 상처는 우리를 위축되게 하고 그 기억이 마음 깊이 상처로 남게 됩니다. 그리고 왜곡이 시작됩니다. '난 사랑받기에 부족한 사람인가 봐. 난 사랑받기엔 매력이 없나 봐. 모두가 나를 좀 알게 되면 시시해지나 봐. 난 사랑이 어려워'라고 말이죠.

그리고 그 왜곡은 자신을 변형시킵니다. 온전히 자기를 드러내며 사랑하기보다는 만나는 상대에게 자기를 맞추고 상대가 원하는 대로 행동을 바꾸게 됩니다. 사랑에 실패하지 않기 위해, 사랑받는 내가 되기 위해서, 내가 아닌 상대가 원하는 나로 살아가기 시작합니다. 그래서 그 만남이 좋지 않게 끝나게 되면 상대방과 함께했던 시간은 아무 의미 없이 소비된 시간으로 인지되고 그것이 후회와 미련으로 남아 또 다른 사랑에 대한 실패감과 자신에 대한 실망감으로 스스로를 괴롭게 만들어버립니다.

그리고 그 상처는 새로운 사랑을 받아들이고 도전하는 데 장애가 됩니다. 이루지 못한 사랑이 애틋해 그와 비슷한 상대에게 끌리고 그에게 다가가려 해도 그 전의 기억이 되살아나 내 마음을 표현하기가 쉽지 않습니다. 주위 사람들은 그가 상대를 얼마나 좋아하는지 너무나도 잘 알고 있고 마치 몇 번의 만남으로 이미 사랑이 진전된 것처럼 느끼기도 하지만 막상 그 당사자는 상대가 자기를 좋아하는지 알지도 못하는 경우가 허다합니다.

핑크는 스스로를 연애와 사랑에 뛰어나고 항상 연애를 한다고 말하지만 정작 그것은 상호작용이 아닌 혼자만의 사랑일 때가 많습니다. 그리고 무엇인가 혼자 하는 사랑이 지겨워지면 가까워질 수 없는 다른 상대를 찾아 그 자리에 다시 올려놓고 사랑의 감정만을 이어갑니다. 상대만 바뀔 뿐 혼자 하는 사랑은 계속 반복되는 것이지요. 얼마든지 아름답고 완전한 사랑을 할 수 있는 핑크이지만 실상은 내 뜻대로 잘되지 않는 애정 문제를 겪고 있는 이들이 많습니다.

여러분의 사랑은 어떠한가요? 열렬한 사랑을 하고 계시나요? 아니면 혼자 마음속으로 애끓는 감정만 가지고 계시나요? 말하지 못한 채 짝사랑하던 상대에게 새로운 연인이 생겼다는 것을 알게 되면 시련의 아픔을 겪고 그러다 또 다른 상대가 생기면 그 아픔에서 벗어나 다른 사랑을 시작하고 계시지는 않으신가요? 만약 그렇다면 오늘의 핑크는 당신에게 용기를 가지고 사랑의 불꽃으로 뛰어 들어가라고 이야기합니다. 액자 속에 끼워진 그림을 보며 감상만 하지 말고 무엇인가 액션을 취할 때라고 말이죠. 그리고 설령 그 결과가 당신의 기대와 같지 않더라도 당신의 용기로 인해 달라진 것들을 살펴보라고요.

'나'는 없이 오직 '너를 위해서라면'을 외치는 사랑

핑크는 사랑이 많은 만큼 항상 사랑을 갈구하고 사랑으로 삶이 채워지기를 바랍니다. 그래서 항상 사랑할 대상을 찾습니다. 사랑이 없으면 내가 없어지는 것 같기 때문이지요.

어느 중년의 어머니와 대화한 적이 있습니다. 그 어머니는 요즘 즐거움이 없고 허무함만 있다고 하셨습니다. 이야기를 들어보니 결혼해서 지금까지 아이들을 위해 20여 년간을 헌신하며 살아왔다고 하셨습니다. 아이를 출산한 후에는 꼬물거리는 갓난아이를 보는 것만으로도 시간이 모자라고, 그 꼬물거리던 아이가 자라 초등학교에 들어가니 학교생활에 적응 못할까 봐 챙길 것이 한두 가지가 아니었고, 그렇게 중학생이 되고 고등학생이 되니 좋은 대학에 보내기 위해 학원이며, 건강이며 챙길 게 더 많아졌습니다. 그렇게 아이만을 위해 살아오다 보니 어느새 본인의 어릴 적 친구들과는 연락이 끊기고 '나'라는 사람의 인생보다는 누구의 엄마라는 모습이 곧 자기의 모습이었다고 합니다.

그리고 드디어 고된 뒷바라지 끝에 아이가 대학에 진학하니 아이가 엄마 곁을 떠나 독립을 하고 싶다고 선언했답니다. 20여 년간 아이를 잘 키우는 것이 본인의 의무라 생각하고 '나'라는 사람과 '나의 인생'은 내려놓고 본인의 아이만을 위해 헌신하고 뒷바라지했습니다. 그런데 아이가 독립을 선언하니 그 순간 쿨한 엄마가 되고 싶어 허락은 했으나 아이가 나간 빈 방을 보면서 허전함에 얼마나 울었는지 모른다며 이야기하시던 분이 기억납니다.

대부분의 부모들이 자식을 위해 살아갑니다. 하지만 그때 우리는 살펴볼 필요가 있습니다. 그것이 진정 자식을 위해 하는 것인지, 아니면 내가 바라는 자식으로 키우기 위해 헌신하는 것을 자식

때문이라는 타이틀 뒤에 가리고 있지는 않은지를요. 우리는 누구
나 이러한 모습들을 가지고 있고 이러한 일들을 경험하게 됩니다.

무엇인가에 또는 누군가에게 엄청난 친절로 헌신하는 이들을
보게 됩니다. 그렇게 헌신하는 것이 스스로에게 기쁘면 정말 아름
다운 일일 것입니다. 하지만 우리는 그렇게 헌신적인 이들이 누군
가에게 '그 사람은 항상 받기만 하고 돌아오는 것이 없다', '내가 그
렇게 그 사람을 챙겼는데 그 사람은 우리 아이 돌잔치에 오지도 않
더라', '내가 그에게 준 선물이 얼마짜리인데 그 사람은 고작 이것
밖에 안 주더라. 나를 어떻게 생각하면 그럴 수 있느냐?'며 한탄을
하는 것을 자주 보게 됩니다. 이런 모습을 볼 때 우리는 생각하게
됩니다. 그가 보여줬던 친절과 헌신은 '받기 위해 줬던 모습이었
나?' 하고 말이죠.

그런 모습들을 볼 때 우리는 우리 스스로에게도 질문을 던져 볼
필요가 있습니다. 내가 누군가에게 무엇인가를 베풀 때, 나도 모르
게 그에게 바라는 것이 있지는 않은지 말이죠. 만약 무엇인가 바라
는 게 있다면 그것은 진정한 베풂이 아니라 '내가 당신에게 이것을
줬으니 당신은 저것을 주시오' 하는 거래가 되는 것입니다. 거래는
해야만 하는 당위성 때문에 주는 사람, 받는 사람도 그리 편하지만
은 않습니다.

그럼 이제 여러분을 생각해볼까요?

타인에게는 엄청 헌신적이면서 스스로에게는 너무 소홀하지 않

습니까? 여러분은 스스로를 충분히 사랑하고 있습니까? 많은 이들을 집으로 초대해 그들을 위해 장을 보고, 재료를 손질하며, 몇 시간에 걸쳐 정성스레 음식을 만들고 대접하지만 손님들이 가고 난 뒤에 자신을 위한 밥상은 초라하기 그지없던 때가 있지는 않습니까? 모두들 같이 웃고 이야기 나눌 때는 즐거우나 손님이 다 떠나고 난 뒤에는 허전함에 또 우울해하지는 않나요? 그렇다면 당신은 손님을 초대한 것이 아니라 혼자 있는 시간이 외로워 그 시간을 때워줄 누군가를 초대한 것입니다. 저 두 상황이 뭐가 다른지 단번에 이해가 안 될 수도 있습니다.

하지만 이 사이에는 미묘한 차이가 있습니다. 바로 온전히 스스로를 사랑하는가, 그 사랑으로 충분한가입니다. 외로워서 그 외로움을 채우기 위해 하는 행동이 아닌 것이지요. 외로움에서 비롯된 행동 뒤에는 무엇인가가 따릅니다. 예를 들어 손님이 집에 오기 전에 완벽하게 보이기 위해 화려하게 치장을 하다가 손님이 가고 난 다음 다시 혼자라는 기분에 허탈감을 느낀다면 나의 행동은 온전한 사랑에서가 아니라 외로움에서 비롯된 것임을 알아차릴 수 있지요. 그래서 이따금 핑크 이슈를 겪고 있는 이들은 과한 사치 성향을 띠기도 합니다. 이것은 사랑받고 싶은 마음은 크나 그 사랑을 채워줄 누군가가 없음에서 비롯되는 것입니다. 그래서 남들로부터 사랑받고 싶어 스스로 좋은 사람이 되어 남에게 베푸는 것이지요. 물론 베풂이 사라져가는 요즘 같은 시대에 이렇게라도 남에게 친절과 사랑을 베풀면 좋은 것 아니냐 생각할 수도 있지만 이것은 약간의 차이가 있습니다. 물론 현상적으로는 나쁠 것이 없으나 개인적으로는 그 전과 비교해 나아진 게 없습니다. 열렬한 사랑이 끝난 후 '난 마음을 다해 사랑했으니 아쉬움이 없다'라고 하는 것과 '사랑은 늘 하고 싶지만 그 사랑이 떠나가니 다른 사랑으로 채워나가면 되지'라고 생각하는 것의 차이랄까요?

그래서 중요한 것은 스스로를 온전히 사랑하고 귀하게 여기는 것이 필요합니다. 누군가에게 무엇인가를 해서 받는 사랑이 아닌, 내가 온전히 나를 사랑해 내 안에서의 사랑이 자연스레 밖으로 흘러나오는 사랑을 경험할 필요가 있는 것이지요. 그러면 나의 친절과 사랑을 저울로 재지 않고 또 나의 사랑을 받은 상대에게 똑같은 또는 더 많은 양의 사랑을 기대하지도 않게 되며 진정한 베풂이 가능해집니다.

핑크를 선택한 여러분은 누군가를 위해 헌신한 나에게 조그마한 보상과 심적 위로를 얻고 싶으십니까? 또는 나만 누군가에게 베풀고 있고 그 바닥이 드러나는 스스로를 느끼며 그 바닥이 보이기 전에 누군가가 나에게도 사랑으로 채워주길 바라고 있으신가요? 내 삶을 풍요롭게 해줄 말랑말랑한 감성을 잃어버리고 살아내야만 하는 현실에 스스로가 불쌍하게 느껴져 안쓰러우신가요?

만약 이런 감정을 느끼고 있다면 핑크의 도움을 받아 당신 스스로 얼마나 아름다운지를 느껴보시기 바랍니다. 꼭 무엇인가를 해야만 사랑받는 것이 아닌, 당신 존재 자체의 아름다움을 바라보시기 바랍니다.

Pink- 이럴 때 눈에 띄고 우리에게 도움을 줍니다

66

- 사랑받고 싶을 때
- 누군가로부터 거부당한 느낌이 들 때
- 내가 무엇인가를 위해 보냈던
  시간들과 노력들에 회의감이 들 때
- 내가 처한 상황을 인정하기 어려울 때
- 상처받은 사랑의 기억에 회복이 필요할 때
- 내 존재 자체를 인정하고 수용하는 것이 필요할 때
- 후회로 남은 과거의 나를 사랑으로 감싸주고자 할 때
- 사랑에 대한 왜곡된 시선을 바꾸고 싶을 때

99

핑크를 위한 조언

핑크의 사랑과 베풂의 시작은 선한 의도에서 출발됩니다. 가슴 안에 넘치는 사랑을 타인에게 흘려보내는 선한 의도 말입니다. 하지만 그 사랑이 깊어지고 시간이 지날수록 본래의 의도보다는 내가 사랑하는 것, 그래서 자기가 몰두하고 쏟아내는 에너지에 집중하게 되죠.

처음에는 저 사람이 어느 시간에 무엇을 하면서 보내는지, 누구와 많은 시간을 보내며, 어떤 이야기를 나누고, 어떤 고민을 하고 있는지 등에 관한 호기심과 궁금증을 담은 관심으로 시작합니다. 그러다 연애를 시작하고 시시콜콜 사소한 이야기까지 나눠주는 상대에게 사랑을 느끼다가 상대의 연락이 뜸해지고 대화가 예전과는 달리 침묵의 시간이 길어지며 목소리에 다정함이 식어지면 어느새 이별이 다가옴을 직감할 때가 있죠. 그리고 그 직감은 어느새 현실로 다가와 있습니다. 자존심 때문에 아무렇지 않은 척 헤어졌지만 문득문득 스스로가 피해자라는 생각이 들고 지나간 시간에 대한 아까움 때문에 화가 밀려온다면 핑크의 온전한 사랑이 퇴색되고 있음을 알아차려야 합니다.

20대 연인들의 이야기를 듣다 보면 핑크 에너지를 가진 여성은 남자친구에게 아기자기하고 솔직하게 자신의 애정을 표현합니다. 그런데 내가 준 사랑보다 남자친구가 나에게 보여주는 사랑이 더 작다고 생각되면 그때부터 소설을 쓰기 시작합니다. "내가 어떻게 했는데, 오빠는 이제 날 사랑하지 않는 거지? 사랑이 식은 거야. 내가 벌써 싫어진 거야?"라며 남자친구랑 금방이라도 헤어질 듯이 감정을 쏟아냅니다. 남자친구는 갑자기 이런 이야기를 쏟아내는 여자친구에게 적잖은 당황을 하며 어찌된 상황인지 파악하려 근래의 기억들을 복기해보지만 이유를 찾기가 쉽지 않습니다.

이것은 핑크의 이슈를 적나라하게 보여주는 사례인데요. 바로 사랑을 인지하는 양의 상대적 차이입니다. 여자친구가 남자친구에게 10만큼의 사랑을 줬을 때 남자친구도 자기에게 적어도 10만큼의 사랑을 표현해주기를 바랍니다. 하지만 남자친구에게서 돌아오는 것은 8정도의 사랑이죠. 그럼 여자친구 입장에서는 2만큼 사랑이 식었다고 인지하게 되지만 남자친구 입장에서는 그 8의 사랑이 자신의 최대치인 10일 수 있다는 것을 알아야 합니다.

건강한 핑크는 한 번도 상처 입은 기억이 없이 온전한 사랑을 베풉니다. 마치 엄마가 자식을 사랑하듯 이유와 조건 없는 사랑을 한없이 베풉니다. 그 온전한 사랑은 많은 이들에게 사랑의 진정한 의미를 일깨우며, 그 사랑은 일파만파 주위에 퍼지게 되죠. 하지만 균형이 깨져 있는 핑크는 내가 하는 사랑을 상대에게도 강요하며 사랑에 대한 자기 감정에 빠지고 떠나버린 상대에게 집착하게 됩니다. 집착이 되는 순간 그것은 사랑의 빛을 잃어버리고 의미 없어져버린 시간과 감정에 자신을 사랑의 피해자라는 역할을 덧입히며 스스로를 의미 없는 존재로 밀어내게 되죠.

여러분이 핑크에 자꾸 눈이 간다면 그리고 사랑을 하고 있다면 스스로에게 질문해보세요. '나는 저 사람의 무엇을 좋아하는가? 내가 타인에게 잘해주는 이유는 무엇인가? 혹시 무엇인가를 바라고 있지는 않는가?' 이 질문에 아무 조건이 없다는 답이 나오면 그대로 건강한 사랑을 유지하십시오. 온전히 사랑할 수 있는 뜨거운 심장에 감사하며 그로 인한 상처에는 슬퍼하되 자기 연민에 깊이 빠지지 않는 지혜를 가지시기 바랍니다.

Pink
4

감정 마주하기

Pink

지금까지 핑크가 가지고 있는 메시지들을 살펴봤는데 느낌이 어떠신가요? 요즘 느끼고 있는 감정과 비슷한 부분이 있으신가요? 또는 요즘의 일과 감정은 아니지만 여태까지 살아온 중에 잊고 있었던 기억이 떠오르시지는 않았나요?

컬러는 지금 당장의 느낌을 들여다보게 하기도 하지만 오래 묵혀 두었던 감정들을 해결해야 할 때 그를 알려주기도 합니다. 그래서 컬러는 시간 여행과도 같아요. 어릴 적 헤어진 친구를 만나 그때 하지 못했던 말을 지금 건네는 기분이랄까요? 그 당시에는 내가 너무 어려서 또는 어떻게 해야 할지 몰라서 등 다양한 이유로 보살피지 못하고 지나간 감정들이 있을 것입니다. 당신에게도 만약 떠오르는 기억이 있다면 지금은 그때와는 달리 당신이 그 감정들을 다룰 수 있는 지혜가 생겼다는 이야기입니다.

자, 그러면 지금부터 당신의 이야기를 들어 볼까요?

어떤 형식에 얽매이지 말고 적고 싶거나 떠오르는 기억, 감정들을 자유롭게 써내려가는 시간입니다. 말이 안 되는 것 같아도 괜찮습니다. 누구에게 보여줄 것도 아니에요. 그저 오래 묵혀 두었던 또는 누군가에게 털어놓기에는 좀 애매했던 나의 이야기를 스스로에게 들려주는 시간이랍니다. 자유롭게 써내려가다 보면 또 알게 되는 부분이 있을 거예요. 그럼 여러분의 감정을 적어 볼까요? 그리고 혹 적는 것보다 이야기하는 게 더 편하신 분들은 다음 형식을 토대로 나의 이야기를 털어놓을 수 있는 친구에게 이야기하는 시간을 가져도 좋습니다.

(샘플 단어/문장)

사랑하고 싶다.
사랑은 늘 어려워.
난 왜 사랑 앞에 숨는 걸까?
난 왜 그들에게 사랑을 원할까?

나에게 사랑은…
인정하기 어려운 것이 있다면?
지금 나의 모습은?

생각나는 것들을 다 적으셨나요?

그럼 잠시 차 한잔을 드시거나 노래 한 곡을 들으며 생각을 전환하는 시간을 갖겠습니다.

이제 다시 한번 여러분이 적은 단어나 문장들을 보겠습니다. 단, 나의 감정과 분리해 내가 모르는 제3자가 적은 것처럼 읽어 볼까요?

어떤 단어들이 적혀 있나요? 이 단어들을 적은 사람은 핑크의 어떤 에너지에 몰입이 되어 있는 것 같습니까? 그에게 필요한 것은 무엇이라고 느껴지시나요?

그럼 지금의 당신에게 필요한 것은 무엇일까요?

내가 나에게 주는 위로

마음에 들지 않았던 것도 사랑이야.
남한테 사랑받으려 하지 말고 네가 너를 사랑해줘.

Pink
5

핑크를 위한
한마디

Pink

여러분이 핑크를 경험하고 있다면 필요할 때마다 다음 글들을 마음속으로 따라 해보세요. 다음 문구 중 가장 와 닿는 글귀를 아침에 일어나서, 그리고 하루를 마감하기 전에 가슴에 두 손을 얹고 스스로에게 이야기해주세요. 그리고 여러분은 핑크 에너지 경험이 끝났더라도 주변 누군가가 핑크 에너지를 겪고 있다고 생각되면 조용히 그들에게 이런 말들을 전해줘도 좋습니다. 당신의 사소한 한마디가 그에게는 절실히 필요한 말일 수도 있거든요.

넌 참 사랑스러워.

넌 매력이 넘치는 아이야.

노력하지 않아도 충분히 사랑받을 수 있어.

지금도 충분해.

굳이 애쓰지 않아도 돼.

너의 있는 그대로의 모습을 보여줘.

너의 모습을 잃지 마.

남을 위해 무엇인가를 하지 말고,

네가 너를 사랑해주면 어때?

넌 항상 잘하고 있어.

핑크를 위한 글

훗날 생각해보면
감사할 일일 수도 있으니
마음 쓰지 말기를…
마음에 담지 말고
구름처럼 흘러가게 편히 두기를…
다만 애썼다고 토닥여주고
안쓰러운 마음 따뜻하게 안아주기를…
그리고 후회 없음에 감사하고
한 걸음 뗀 것에 박수 쳐주길…

Part 3.
오렌지

Orange

넘치는 아이디어와 통통 튀는 매력으로
어디에서나 인기가 많은 이들의 컬러 오렌지.
인생을 즐기며 그 안에서
자유와 책임감을 배웁니다.
상처와 쇼크에 머무르지 않고
그 안에서도 깨달음을 얻는 컬러입니다.

오렌지가
당신의 눈에 띈다면

Orange

"플렉스(Flex) 해버렸지 뭐야."

이 말의 뜻을 알고 계시죠? 요즘 많이들 쓰는 말인데요. 혹시나 이 뜻을 모르시는 분들을 위해 잠시 설명 드리겠습니다. 사전적 의미로는 준비 운동 등으로 '몸을 풀다'라는 뜻인데 많은 래퍼들이 가사나 일상어로 쓰게 되면서 '과시하다, 뽐내다'라는 의미로 사용되고 있습니다. 요즘은 보통 돈이나 차, 라이프 스타일 등 자신의 능력을 과시할 때 이 말을 사용합니다.

"플렉스 해버렸지 뭐야"라는 말을 들었을 때 오렌지 성향이 떠오르더군요. 여러분도 지금 한번 따라 해보실래요?

"플렉스 해버렸지 뭐야."

기분이 어떠신가요? 저는 이 말을 하면서 잠깐의 상상일지라도 기분이 좋아지더라고요. 오렌지는 딱 '플렉스' 같은 컬러입니다. 만약 여러분이 요즘 자꾸 한여름의 이글거리는 태양빛처럼 뜨거운 오렌지 컬러가 끌린다면 여태까지와는 다른 방식으로 삶을 살아보고 픈 욕망이 끓어오르고 있을지도 모릅니다. '나만 너무 의미 없이 심심하게 정도를 지키며 살아온 것 같아. 이렇게 산다고 누가 알아주는 것도 아니고, 난 무엇을 위해 이렇게 재미없게 살았을까? 이제는 나도 좀 즐기면서 살 거야' 이런 생각이 들지는 않으신가요? 오렌지는 '즐거움', '쾌락'의 메시지가 포함되어 있는 컬러입니다. 더 자세한 이야기는 다음 페이지에서 계속 이어나가도록 하겠습니다.

또 오렌지가 끌릴 때의 심리는 무엇인가 당신의 에너지를 최대치로 끌어올려야 하는 상황일 때도 그러합니다. 아무것도 없는 상황에서 아이디어를 내며 그를 통해 결과를 만들어내야 하는 창조성을 필요로 하는 상황에 놓여 있지는 않습니까? 오렌지는 창조성에 불을 붙이는 컬러입니다. 기존에 갖고 있던 나의 생각과 지식이 형태를 갖춰 세상에 나올 수 있도록 실현성을 높여주는 컬러입니다. 그렇기에 만약 여러분에게 창조성과 실현 능력이 필요하다면 당신 곁에 오렌지 컬러를 가까이 두면 도움이 될 것입니다.

또한 오렌지 컬러에 자꾸 눈이 간다면 이제 당신은 그동안 떠올리는 것만으로도 당신을 힘들게 했던 상처에서 자유로워질 시간임을 알려줍니다. '그 어떤 것도 나의 순수성과 나의 힘을 빼앗을 수 없다'라는 사실을 받아들이십시오. 그리고 예전의 그 일들은 그저 지나가는 바람처럼 내 곁을 스쳐 지나간 일임을, 어쩔 수 없는 상황이었음을, 그것이 나 또는 그 누구의 잘못도 아니라 그저 해프닝이었음을… 그렇게 마음속에서 꺼내어 아무렇지 않게 이야기하는 순간, 당신의 마음을 짓누르던 그 일은 더 이상 당신을 괴롭힐 수 없음을 알게 될 것입니다. 누구에게도 꺼내놓기 힘들었던 나만 알고 있는 그 이야기를 지금 용기내어 대면해보면 어떨까요? 그리고 그걸 꺼내 놓음으로 당신의 마음이 얼마나 편안하고 자유로워지는지를 경험해보시길 바랍니다. 세상이 당신에게 주는 '지금'이라는 선물을 놓치지 말고 용기내어 마주하시길 바랍니다. 지금이 그때임을 잊지 마십시오.

쾌락과 깨달음의
오렌지

Orange

완전 붉지도 그렇다고 노랗지도 않은 레드와 옐로우의 중간색인 오렌지. 여러분은 오렌지를 떠올렸을 때 처음 생각나는 장면, 대상이 무엇인가요?

저는 오렌지 하면 바로 떠오르는 것이 '휴가철 해변가에서 보는 노을'입니다. '열심히 일한 당신, 떠나라'라는 문구처럼 직장 상사의 눈치로부터, 나 때와는 달리 눈치 안 보며 할 말 다 하는 후배에게서, 그리고 하나하나 열심히 해치워도 쌓여만 가는 일들로부터 사표 던지지 않고 버티게 하는 것은 바로 이 달콤한 휴식 때문이 아닐까요?

어떤 이는 회사 사정상 휴가 갈 상황이 되지 않고 본인은 스트레스가 가득 차 무엇인가 해소가 필요할 때 여행 가는 기분을 느끼고자 공항을 간다고 합니다. 직접 여행을 갈 수는 없지만 단지 공항에 들어가 여행 가는 이들의 설렘을 보는 것만으로도 잠시나마 여유를 찾을 수 있다면서 말이죠. 듣고 보니 그렇더라고요. 여행을 가는 이들의 얼굴은 전부 설렘으로 상기되어 있으니까요. 그 친구의 말에 잠시 여행에 대해 생각해봤습니다. '나는 여행을 떠날 때 그리고 다녀와서 어땠나' 하고 말이죠. 똑같은 시간에 일어나 습관적으로 씻고 준비하고 같은 지하철을 타고 발이 나를 인도하듯 익숙한 길을 따라 출근을 하고 종일 일하고 다시 왔던 길로 돌아오는 일상, 대부분의 직장인들이 같은 모습일 겁니다. 그런 일상에서 벗어나 모든 것이 바뀌는 것이 휴가이고 여행이지요.

그래서 여행 가방을 꾸리는 것부터 설레기 시작합니다. '어떤 수영복을 입어야 사진이 잘 나올까? 옷은 이 정도면 되려나? 좋다고 했던 데가 있었는데 그게 어디였지?' 하며 비행기에 몸을 싣고 몇 시간 날아와 그곳에 발을 딛는 순간부터 내가 있던 곳과 확연히 달라집니다. 피부에 와 닿는 습도와 온도, 그리고 처음 보는 이에게도 웃음을 건네는 사람들의 표정, 귓가에 들리는 익숙지 않은 언어들, 일 년에 한 번 볼까 말까 한 무지개가 수시로 뜨는 하늘, 발 아래 펼쳐지는 바다의 색깔, 모든 것이 몇 시간 전 내가 있던 그곳과 다르고 특별할 것 없던 어제와 다른 오늘이 펼쳐집니다. 그래서 별다르게 쓸 일이 없었던 나의 모든 감각들이 하나하나 깨어나는 것을 느낍니다. 볼 게 많으니 눈동자는 쉼 없이 움직이고 사람들의 표정이 달라지니 나의 표정 또한 더 풍부해지며 대부분의 시간을 앉아 있기만 했던 나의 육체도 일 년치 활동량을 4박 5일에 다 쏟아 붓는다 해도 과언이 아닐 정도로 바쁘게 움직입니다.

누군가의 눈치를 보지 않고 하면 안 된다고 규정지어진 것들로부터 잠시 벗어나 하고 싶은 것들을 할 수 있는 자유로움이랄까요? 그 모든 것들이 자극점이 되어 꺼져가는 나를 다시 살리고 반 년을, 그리고 일 년을 다시 유지시켜주는 원동력이 되는 듯합니다. 이것이 여행이 주는 즐거움이 아닌가 싶습니다. 누군가는 일상으로부터의 탈출이라고도 하고 또 누군가는 여행 갈 경비를 마련하기 위해 회사를 다닌다고도 합니다. 여러분에게 여행은 어떤 의미인가요? 여행이 주는 선물처럼 오렌지 컬러가 우리에게 주는 선물 같은 메시지들을 함께 알아보겠습니다.

호기심이 창조가 되다

오렌지는 사람의 지성을 뜻하는 옐로우에 현실화를 뜻하는 레드가 섞여 나오는 컬러입니다. 풀어서 이야기하면 사람이 생각하는 것을 실현시키는 것이 오렌지 컬러인 것이죠. 앞에서도 이야기했다시피 오렌지 컬러 성향의 사람들은 판에 박힌 것을 싫어하고 항상 다르게 생각하는 것을 좋아합니다. 어느 개그맨의 표현법이 생각나네요. 자기 집으로 선배들이 왔는데, 후배 집에 온 선배들은 집이 좋다며 구입한 거냐고 묻습니다. 그에 후배는 이렇게 이야기합니다.

"사려고 했는데 돈이 좀 모자라서 전세로 살고 있어요."

이에 선배가 얼마가 모자랐는지 물으니 이렇게 이야기합니다.

"9억 원이요."

개그맨 조세호의 이야기인데요. 그 장면을 보고 얼마나 웃었는지 모릅니다. 그리고 '참 나와는 다른 발상이구나. 그래, 저것도 말이 되는 이야기네'라고 계속 웃었죠. 이처럼 오렌지 컬러의 에너지를 가지고 있는 이들은 뻔한 상황을 뻔하지 않게 전개하는 이들이라고 할 수 있습니다.

'무엇이든지 생각하는 대로 된다'라는 말이 오렌지에 해당하는 말입니다. 머릿속에서 떠다니는 음을 악보로 탄생시키는 것, 가슴속에 끓어오르는 감정을 연기로 녹여내는 것, 순간순간 느끼는 감정들을 글로 엮어내는 그 모든 것들이 창조의 순간입니다. 악상으로 적지 않고, 몸으로 표현하지 않으며, 글로 쓰지 않는 그 모든 것들은 세상으로 나올 수 없는 그저 누구나 한 번쯤 해봤던 생각에 그치지 않습니다. 절대 내 것이 될 수 없는, 그저 머릿속의 생각일 뿐입니다. 하지만 그것들을 세상에 표현해내는 것이 오렌지의 창조 에너지이죠. 그 오렌지의 실현성으로 인해 우리는 수많은 예술 작품들을 즐기고 누릴 수 있는 것입니다.

물론 예술 작품에만 국한된 것은 아닙니다. 우리의 삶을 훨씬 편리하게 만드는 기술들 또한 마찬가지입니다. 식기세척기가 나올 때도, 의류 건조기나 공기 청정기가 나올 때도, 그리고 이제 없어서는 안 될 스마트폰이 나올 때도, 크고 작은 새로운 기술이 나올 때마다 사람들은 낯설어 했습니다. 핸드폰이 통화만 되면 되지 무슨 다른 기능들이 필요하냐며 그것들이 다 가격만 올리는 거라 마땅찮게 생각하던 사람들이 있었던 게 불과 몇 년 전의 이야기입니다. 하지만 지금은 70대 어르신들도 그 스마트폰으로 트로트 영상을 찾아보고 있습니다.

그런 창조의 원동력은 호기심이 아닐까라는 생각이 듭니다. '전화기로 통화만 하는 게 아니라 게임도 할 수 있다면? 사진기를 전화기 안에 넣을 순 없을까? 인터넷, 계산기, 이 모든 것이 전화기 하나에서 되기만 한다면 우리는 얼마나 가볍게 다닐 수 있을까?' 이런 생각들이 아니었을까요? 호기심은 생각을 자극하고 새로운 자극은 고정되어 있는 틀을 깨기 때문에 새로운 아이디어를 떠오르게 합니다. 혹시 여러분이나 여러분의 조직에 새로운 변화, 혁신, 창조가 필요하다면 오렌지의 도움을 받아 보시는 것도 좋습니다.

우리는 익숙지 않은 것을 쉽게 받아들이지 않는 면들이 있습니다. 그래서 일반적이지 않는 말이나 생각들을 하는 이들을 '좀 특이하다. 우리랑은 다르다'라고 생각하죠. 하지만 그들의 그 괴짜같은 열정에서 새로움이 탄생되는 것입니다. 계속 같은 생각만 하며 같은 것만 쓰는 패턴에서는 혁신적인 변혁이 일어나지 않습니다. 지속적인 자극과 새로운 생각으로 수많은 아이디어가 샘솟는 것입니다. 우리도 우리 속에 있는 틀을 벗고 생각의 자유로움을 경험해보면 어떨까요?

인생을 즐기는 매력적인 당신

굽이굽이 펼쳐진 해안 도로를 따라 뜨거운 태양 아래 바람을 즐기며 유유히 달리는 스포츠카. 그 안에 한껏 차려입은 웃음이 만개한 커플. 스포츠카에서 내린 매력적인 커플은 어디에서나 사람들의 이목이 집중됩니다. 그들이 하고 있는 액세서리와 입고 있는 브랜드, 들고 있는 모든 것들이 사람들의 눈길을 사로잡습니다. 또 그들은 재치 있는 입담과 통통 튀는 매력으로 어디에 있든지 그 자리를 빛나게 하고 이야기의 중심이 되며 많은 이들이 그들의 재미나는 이야기를 놓칠 새라 단 1초도 눈을 떼지 않습니다. 이들처럼 오렌지는 항상 어디서나 주목을 끄는 매력적인 컬러입니다. 그리고 그들은 더 매력적인 자신을 위해 본인을 더 아름답게 치장합니다.

남들 모두가 가지고 있는 것을 갖는 것은 그들의 자존심이 허락하지 않습니다. 남들보다 먼저, 남들이 갖기 어려운 것을 갖는 것이 능력이고, 그것을 소유하는 것이 기쁨으로 느껴지는 이들입니다. 그래서 이들은 한정판과 같은 물건을 소유하고자 하는 욕구가 남들보다 강합니다. 유행하는 아이템은 이들의 옷장에 수북하게 쌓여 있고 친구나 이성 또한 화려하고 남들이 보기에 시선을 끄는 외모의 소유자들로 구성되어 있습니다. 그리고 그들과 함께 가장 핫한 곳을 누비는 이들이 바로 오렌지 에너지를 경험하고 있는 이들입니다.

누구나 인생을 살면서 어느 한 시점에서는 오렌지를 경험합니다. 공부만 하던 얌전할 것만 같은 아이도 어느 순간은 핫한 클럽을 모두 섭렵한 시기가 있을 것이고, 유행에 크게 관심이 없는 사람이라도 한 번씩은 고가의 명품과 패션에 민감하게 관심을 기울이는 때가 있습니다. 누구나 한 번쯤은 그런 시기를 지나갑니다.

이런 오렌지의 에너지가 요즘은 앞서 얘기한 '플렉스'란 단어로 설명되는 것 같습니다. 유행하는 단어들도 시대별로 변함이 있습니다. 요즘은 이것을 "플렉스 해버렸지 뭐야"라고 이야기하지만 그 전에는 한 번뿐인 인생 즐겁게 살자는 뜻의 '욜로(Yolo)'가 있었죠. 의미가 조금씩은 다를 수 있지만 더 이전에는 '오렌지족'이 있었고, 그보다 더 오래전에는 '한량'이라는 단어가 있었습니다. 물론 지금도 존재하는 단어들이지만 시대가 변하고 사상이 변하면서 그 사용에도 변화가 있긴 합니다. 조금씩 의미가 다르긴 하지만 이 단어들이 오렌지의 특성을 나타내는 단어들입니다. 동네에서 '한량'으로 통하던 70대 어르신은 나이가 무색할 정도로 인물이 훤칠하셨고 총각 시절에는 그 훤칠한 외모 덕분에 동네 아가씨들과 바닷가에서 어깨동무하고 찍은 사진이 아직도 고스란히 사진첩에 남아 있었습니다. 어릴 때부터 그림과 글에 소질이 있으셨고 총각 시절에는 외모 가꾸기에 민감하셨다고 합니다. 가정을 꾸리고 가장이 된 후에도 철마다 가장 좋은 옷을 한 벌씩 미리 준비하셨고요. 다섯 명의 딸과 아내, 그리고 어머니까지 총 8명의 가족을 건사하기 위해 열심히 일하시고 본인의 기준에서 이 정도면 가족이 한 달 살 정도는 됐다 하시면 그때부터는 오롯이 당신을 위해 즐기셨다고 합니다. 친구들을 만나 맛있는 것을 드시고 시간을 재미있게 보내고 들어오셨지요. 이 70대 어르신은 바로 저희 아빠입니다. 어릴 때도 그런 아빠가 멋있어 보여서 좋았습니다. 다만 마음에 들지 않았던 것은 간간이 아주머니들이 아빠 동창이라며 찾아오는 것뿐이었죠.

제가 컬러를 배우기 시작하고 특히 오렌지에 대해 깊은 이해가 되기 시작할 때 아빠가 떠올랐습니다. 아빠라는 존재를 내 아빠로서가 아닌 한 인간, 한 남자로서, 한 존재로서 이해하게 됐습니다.

아빠의 놀기 좋아하는 성격으로 엄마는 애를 좀 태우셨지만 저는 그런 생각이 들었답니다. 가족이 아닌 한 존재로 아빠를 봤을 때 '신이 인간을 만들 때 지금의 우리처럼 여유라는 걸 즐길 새도 없이 반평생 일만 하기를 바라셨을까… 그것이 신이 우리에게 바라는 모습일까?'라는 질문을 하게 됐습니다. 아마도 신은 그것을 바라지는 않으셨을 거란 생각이 들었죠.

'나 하늘로 돌아가리라. 아름다운 이 세상 소풍 끝내는 날, 가서 아름다웠더라고 말하리라…'라는 천상병의 '귀천'이라는 시처럼 신께 가는 날 "너 무엇을 경험했고 무엇을 배웠더냐?"라는 질문에 "정말 아름다운 소풍이었습니다"라고 이야기하는 걸 바라지 않을까… 그런 답을 하려면 이렇게 일만 하다 가면 어찌 즐거웠다 이야기할 수 있을까라는 생각이 들었죠. 그런 의미에서 아빠는 참 괜찮은 인생을 사시지 않았나 싶습니다. 스스로 인생을 즐기면 남들 눈에도 즐거워 보이기 마련입니다. 그래서 매력적인 사람으로 보이는 것이지요. 여러분의 인생은 하늘로 돌아가는 그날, 어떤 답변으로 준비되어 있으신가요?

즐거움을 탐닉하는 오렌지,
쇼크를 경험하다

씀씀이를 늘리는 것은 그리 어렵지 않습니다. 하지만 한번 커진 씀씀이를 줄이는 것은 참으로 어려운 일입니다.

첫 월급을 탔던 때가 생각납니다. 200만 원 조금 넘는 돈이 20대 초반에는 얼마나 큰돈이었던지요. 40만 원 정도의 한 달 용돈을 받아 생활하던 학생이 졸업과 동시에 취직한 직장에서 받은 첫 월급이 용돈의 다섯 배에 달하는 금액이었으니 참으로 큰돈이었습니다. 첫 월급은 부모님과 고마운 분들에게 선물을 한다며 지갑에 다 들어가지도 않는 100만 원 가량을 들고 백화점에 갔던 그때가 아직도 생생히 기억납니다. 그때는 제가 돈 쓸 일이 없다며 금방 큰돈을 모을 줄 알았죠.

그런데 그 생각은 단 몇 달 만에 와르르 무너지더군요. 그렇게 큰돈인 줄 알았던 그 금액은 사고 싶은 것이 날마다 생기고, 물건을 보는 눈이 하루가 다르게 높아지는 저에게는 부족하기 그지없는 금액이 되어버렸습니다. 갖고 싶은 지갑과 가방은 마치 학생들의 학년이 올라가는 것처럼 브랜드의 가치가 매년 높아졌죠. 그래서 어느 해는 '이번 해는 그냥 돈 모으지 말자. 언제 또 이런 거 사보겠어?'라는 생각으로 일 년 내내 저축도 하지 않고 쓰기만 했던 적도 있고, 그러다 정신 차리고 몇 년은 저축 좀 하는가 싶다가 또

흥청망청 나를 꾸미고 누구에게도 지지 않으려 이것저것 사 모으기를 반복했던 시절이 있었습니다.

저는 그나마 소소한 편이었습니다. 제가 만났던 어느 중년 남성은 젊을 때부터 '열심히 모아서 빨리 은퇴해서 즐기다 가자'는 게 목표였습니다. 돈을 빨리 모으는 방법을 하나하나 찾다가 결국에는 주식을 했다고 합니다. 처음에는 조금씩 하다가 어느새 대출까지 받아 억 단위의 금액을 운용하기 시작했습니다. 초반에는 시장을 잘 읽었던 것인지, 아니면 운이 따라줬던 것인지 알 수 없지만 짧은 시간에 엄청난 수익을 냈습니다. 그는 이렇게 표현했습니다. 마치 온 세상의 돈이 너무 쉽게 자기 계좌로 알아서 들어오는 것 같았다고요. 그렇게 쉽게 벌리는 돈은 그에게 어느 순간 아무 의미가 없었습니다. 고가의 명품을 사고 아내에게 선물하는 것도, 한 대 갖기도 어려운 고급 승용차를 가족들에게 선물하는 것도, 해외로 여행을 가는 것도, 한 병에 수백만 원 하는 술을 마시는 것도, 그런 것들이 주던 즐거움은 점점 더 강한 강도를 찾게 됐고, 더 이상의 강한 것을 찾지 못할 때는 정신이 마치 무엇에 홀린 듯 지배당하는 것 같아 이상했다고 합니다. 아마 도박에 빠지는 이들도 이런 상태이지 않을까 싶습니다.

억눌렀던 감정을 폭발이라도 시키듯 우리는 음주, 게임, 도박, 성에 집착하기도 합니다. 우리는 이것들이 주는 일시적 쾌락으로 스트레스를 풀려고 하는데 이런 쾌락이 주는 즐거움은 중독이 되어 더 큰 자극을 부르게 됩니다.

오렌지의 이런 에너지는 도파민을 연상케 합니다. 도파민은 우리의 뇌 안에 기분을 조절하는 신경전달물질로써 쾌감과 희열, 흥분을 가져다줍니다. 도파민은 신이 나게 만들어 고통을 잊고 의욕을 불러일으킵니다. 특히 경쟁에서 승리했을 때나 내기에서 이겼을 때 도파민이 분출되는데 이렇다 보니 우리는 인위적으로 도파민을 나오게 하는 물질을 찾게 됩니다. 그것이 바로 술, 담배, 마약, 내기 게임 등입니다. 하지만 이런 물질들로 인한 쾌감은 오래가지 못합니다. 또한 지속적인 도파민 분비를 위해 더 강한 술, 담배, 마약 등을 찾게 되지요. 이것이 바로 중독입니다.

일시적인 쾌락을 위해 찾아다니고 나를 즐겁게 하던 것들이 이제는 나에게 흥분과 재미를 주지 않아 더 자극적인 것을 원하다 보면 결국에는 심신이 약해질 수밖에 없는 것이죠. 더 크고 강한 자극은 정상적인 범주에서는 불가하며 그를 쫓다 보면 어느 순간 너무 멀리 와 있는 자신을 보게 됩니다. 사치의 끝은 몰락이며, 강한 자극의 끝은 육체의 망가짐입니다. 중독의 끝은 영혼의 피폐해짐이고요. 돌아올 수 있을 때 돌아와야 합니다. 탐욕을 쫓아 앞으로만 가다 보면 그 끝은 수치와 후회뿐입니다. 그리고 처음부터 다시 시작해야 하는 길뿐입니다.

인생의 어려운 순간이 선물임을 알게 되는
통찰의 오렌지

"어찌 이리 태어나서 이 고생인지 모르겠다. 어차피 신에게 가는 길이라면서…."

어느 날 대화를 나누던 친구가 이런 말을 하더군요. 그 친구가 현재 겪고 있는 어려움이나 상황을 듣지 않아도 왠지 그 말을 듣는 순간, 그것이 무슨 의미인지, 어떤 마음인지 단번에 이해할 수 있었습니다. 가정, 회사, 사회의 일원으로서 자기에게 주어진 무엇인가를 해내기 위해 우리 모두는 하루하루를 살아내고 있으니까요. 내가 하고 싶고 원하는 것을 하기보다 해야만 하고 사회가 원하는 것을 해내기 위해 하루하루 버티고 또 일어서야 하는 우리들의 마음이니까요. 그 삶이 어느 순간 고단하게 느껴질 때가 있죠. 어제까지 기분이 좋다가 어느 순간 언제 그랬냐는 듯이 내 기분을 가라앉게 만드는 일들이 일어나는 세상에 살고 있는 우리입니다.

하지만 우리를 기분 좋게 하는 그 일에 집착하지도 말고 또 우리의 마음을 꺾는 그 상황들에 내 마음을 내어줄 필요도 없습니다. 그저 담담히 그 상황 속에서 알아야만 하고, 깨닫고 배울 수 있는 것에만 집중하는 오늘을 살아내면 됩니다.

30대 여성과 나눈 이야기입니다. 그 여성이 일고여덟 살 즈음에 동네 친구네서 놀고 있는데 갑자기 그 집에서 키우던 강아지가 사납게 짖기 시작했습니다. 그녀는 혼비백산해 울기 시작했고 다행히 옆에 계시던 친구의 어머니가 강아지를 혼내며 제지해 상황은 마무리됐습니다. 하지만 그녀의 놀란 가슴은 쉽사리 진정이 되지 않았고 밤에 열이 나서 경기를 일으켰지요. 그 후로 그녀는 근처에 강아지가 있기만 해도 겁을 먹고 그 앞을 지나가지 못했고 성인이 되어서도 강아지를 무서워했습니다. 친구네 놀러 가려고 할 때면 먼저 강아지를 키우는지부터 묻고 강아지가 있는 집이면 놀러 갈 수도 없었다고 해요. 산책길에서 만난 아주 작은 강아지가 좋다고 조금만 가까이 와도 그녀는 꼼짝도 못할 정도였습니다.

그러던 어느 날, 그녀는 놀라운 이야기를 듣게 됩니다. 그날을 기억하고 있는 친구 어머니에게서 그날의 상황을 들었는데 강아지가 이유 없이 짖었던 것이 아니라 가만히 앉아 있던 강아지의 꼬리를 그녀가 밟으려 했다는 것입니다. 강아지는 그런 그녀의 행동을 당연히 공격으로 받아들이고 짖을 수밖에 없는 상황이었다는 것이죠. 그 순간 그녀는 머리를 한 대 맞은 듯했습니다. 어째서 자기가 강아지 꼬리를 밟으려 한 기억은 없고 강아지가 자기를 공격한 기억만 있었는지…. 그로 인해 그녀는 수십 년 동안 강아지를 미워하고 무서워하며 살아왔는지 말입니다. 모든 것이 원인 없이 일어나는 일은 없음을 알게 되는 순간이었죠. 다행히 그 이야기를 들은 후로 그녀는 강아지에 대한 두려움이 옅어지기 시작했다고 합니다.

그리고 더 놀라운 것은 그녀와 친하게 지내던 언니가 덩치 큰 강아지를 키우기 시작했는데, 처음에는 강아지가 무서워 그 집에 놀러 가기가 꺼려졌지만 워낙 친한 사이이기에 용기내어 그 집에 놀러 갔습니다. 처음에는 강아지가 그녀의 발 가까이만 와도 혹 물지는 않을지 두 발을 의자 위로 올리기 일쑤였고 만약의 상황에 어디로 피해야 할지 동선을 살피는 게 일이었다고 합니다.

하지만 그 집에 놀러가 강아지와 보내는 시간이 늘어나면서 그 강아지가 얼마나 순한 아이인지 알게 됐고 아무 해를 끼치지 않는다는 것을 느꼈습니다. 그러다 보니 이제는 얼굴을 맞대고 사진을 찍는 사이가 됐고 사람보다 더 큰 덩치로 점프를 해도 귀엽기만 하다고 합니다. 쇼크는 얼마든지 치유될 수 있습니다. 쇼크와 치유 사이에는 통찰과 깨달음이 있습니다. 내가 왜 이런 일을 겪었는지 이해하고 그 일이 아무것도 아니었음을 알게 된다면, 나를 짓누르던 것들로부터 자유로워질 수 있습니다. 여러분이 자유로워져야 할 것들은 무엇이 있습니까?

Orange - 이럴 때 눈에 띄고 우리에게 도움을 줍니다

66

- 일상적인 삶에 지루함이 느껴질 때

- 상처를 회피하고 있을 때

- 즐기고 싶은 욕구가 올라올 때

- 자극을 통해 창조성을 부여해야 할 때

- 매력적으로 보이고 싶을 때

- 통찰이 필요할 때

- 트라우마 치료가 필요할 때

- 충격을 완화할 필요가 있을 때

99

오렌지를 위한 조언

Orange

오렌지는 지루한 일상에 톡톡 튀는 재미를 선사하는 컬러입니다. 오렌지가 가지고 있는 통통 튀는 매력은 주변 사람으로 하여금 그들에게서 눈을 뗄 수 없게 만듭니다. 그들에게는 항상 생동감과 활력이 느껴지며 생각지 못한 신선한 아이디어로 사람들을 놀라게 하기 때문에 항상 인기를 몰고 다니는 빛나는 존재들입니다. 그들은 사람이 많은 곳, 화려한 곳, 재미가 넘치는 곳을 찾아 떠납니다. 매일 같은 일들의 반복인 지루한 일상을 뒤로하고 항상 자기의 심장을 뛰게 하는 사람과 상황을 찾아 주저 없이 발길을 돌립니다. 매번 새로운 것에 도전하는 상황에서 그들은 스릴을 느끼며 일반적이지 않은 사고가 주는 뛰어난 독창성을 선물로 가지고 있습니다.

하지만 새로운 자극은 마치 내성이 생겨버린 약물처럼 언제나 더 크고 강한 자극을 원하게 됩니다. 그래서 더 도전적이고 스릴 넘치는 것을 찾아 헤매게 되는데 그것이 지나치면 중독이 되어 스스로를 해치기도 하죠. 즐거움을 찾아 떠난 여행이 쾌락으로 치우쳐 너무 먼 길을 건너버려 원래 나의 집이 어디였는지 알 수 없을 정도로 말입니다.

오렌지가 건강하게 유지될 때는 무료한 삶에 신선한 자극제가 되는 역할을 하게 되는데 그 인기와 화려함에 중독되면 공연이 끝난 무대에서 내려오지 않으려는 탐욕이 되기도 합니다. 파티가 끝난 뒤에도 화장을 지울 수 없고 조명을 끌 수 없는 피곤함이랄까요?

오렌지가 균형을 위해 기억해야 할 것은 매 순간을 즐기되 그것에 대한 책임도 함께 생각해야 합니다. 자유와 책임 말입니다. 책임질 수 있는 선까지의 자유라고 할까요?

반면에 인생에서 즐거움을 잃어버리고 삶을 너무 심각하고 무겁게 살아내고 있는 분들도 있습니다. 나를 위해 꾸몄던 시간이 언제였는지, 나를 위해 물건을 샀던 적이 언제였는지, 나에게 주어진 역할을 잠시 내려놓고 나라는 사람이 좋아하는 것을 해본 적이 언제였는지 기억하기 어려운 분들이 있습니다. 그런 분들에게는 오렌지의 숨결을 불어넣어야 하는 때이기도 합니다. 심각함을 내려놓고 좀 더 자유로움을 누려보세요. 다른 사람들 속에서 반짝반짝

빛나는 주인공으로 변신시켜 주는 데 오렌지가 도움을 줄 것입니다. 특별한 일이 없는 무료한 일상에 새로운 자극으로 경험하게 되는 그곳에는 재미난 것들이 준비되어 있을 것입니다. 세상을 누리기로 결정만 한다면 당신이 발을 내딛는 곳마다 선물 같은 일이 일어날 것입니다. 새로운 자극으로 그간 묶여 있었던 당신의 사고는 자유로워질 것이며 그 자유로움 속에서 당신의 독창성은 날개를 달 것입니다. 그저 여러분은 용기를 내기만 하면 됩니다.

감정 마주하기

오렌지에 대해서 살펴보셨는데 어떠셨나요? 통통 튀는 매력과 상처 그리고 깨달음이라는 굵직굵직한 메시지들을 담고 있어서 어쩌면 롤러코스터를 타는 것처럼 감정 기복이 컸을지도 모르겠어요. 여기에 적은 것보다 훨씬 더 깊고 많은 이야기들을 담고 있는 컬러가 오렌지이지만 이 책에서는 여기까지 다루기로 하고요.

자, 그러면 지금부터는 여러분의 이야기를 들어 볼까요?

아무 형식 없이 적고 싶거나 떠오르는 기억, 감정들을 자유롭게 써내려가는 시간입니다. 말이 안 되더라도 괜찮습니다. 누구에게 보여줄 것도 아니에요. 그저 오래 묵혀 두었던 또는 누군가에게 털어놓기에는 좀 애매했던 나의 이야기를 스스로에게 들려주는 시간이랍니다. 자유롭게 써내려가다 보면 또 알게 되는 부분이 있을 거예요. 그럼 여러분의 감정을 적어 볼까요? 그리고 혹 적는 것보다 이야기하는 게 더 편하신 분들은 다음 형식을 토대로 나의 이야기를 털어놓을 수 있는 친구에게 이야기하는 시간을 가져도 좋습니다.

(샘플 단어/문장)

내가 했던 가장 큰 일탈은?

무엇을 할 때 가장 즐거운가요?

사치.

중독.

생각나는 것들을 다 적으셨나요?

그럼 잠시 차 한잔을 드시거나 노래 한 곡을 들으며 생각을 전환하는 시간을 갖겠습니다.

이제 다시 한번 여러분이 적은 단어나 문장들을 보겠습니다. 단, 나의 감정과 분리해 내가 모르는 제3자가 적은 것처럼 읽어 볼까요?

어떤 단어들이 적혀 있나요? 이 단어들을 적은 사람은 오렌지의 어떤 에너지에 몰입이 되어 있는 것 같습니까? 그에게 필요한 것은 무엇이라고 느껴지시나요?

그럼 지금의 당신에게 필요한 것은 무엇일까요?

내가 나에게 주는 위로

인생에서 좋은 경험이었어. 괜찮아.

오렌지를 위한 한마디

여러분이 오렌지를 경험하고 있다면 필요할 때마다 다음 글들을 마음속으로 따라 해보세요. 다음 문구 중 가장 와 닿는 글귀를 아침에 일어나서, 그리고 하루를 마감하기 전에 가슴에 두 손을 얹고 스스로에게 이야기해주세요. 그리고 여러분은 오렌지 에너지 경험이 끝났더라도 주변 누군가가 오렌지 에너지를 겪고 있다고 생각되면 조용히 그들에게 이런 말들을 전해줘도 좋습니다. 당신의 사소한 한마디가 그에게는 절실히 필요한 말일 수도 있거든요.

넌 참 매력적이야, 알지?
너의 인생에서 반짝반짝
빛나는 시간들이었구나.
너의 잘못이 아니야.
오늘을 후회 없이 즐겨 봐.
지금까지와는 전혀 다른 모습으로
한번 즐겨보는 건 어때?
지금부터 파티 타임! 온전히 즐겨 봐.

오렌지를 위한 노래

시아(Sia)의 〈Chandelier〉라는 노래 가사의 일부를 해석하면 이런 내용이 있습니다. 오렌지를 위한 노래입니다.

계속 마셔대. 셀 수 없을 때까지
난 흔들리는 샹들리에를 탈 거야. 샹들리에를
난 마치 내일이 존재하지 않는 것처럼 살아갈 거야.
난 밤하늘을 가로지르는 새처럼 날아갈 거야.
내 눈물이 마르는 걸 느껴.

(…중략…)

죽어라 애쓰며 붙잡고 있어. 내려다보지도, 눈을 뜨지도 않아.
아침이 밝아올 때까지 술잔을 채워가. 단지 이 밤을 버틸 뿐이야.
(…중략…)

아침이 왔어. 난 엉망이야.
어서 나가야겠어. 여기서 도망쳐야겠어.
부끄러움이 밀려와.

Part 4.
그린

Green

사람 사이의 조화로운 관계를 중요시 여기는
평화주의자들의 컬러입니다.
너무 관계만 중요시 여기면서 자신의 마음은
소홀히 대하고 있지는 않으신가요?
내 마음에도 귀를 기울여 달라고 이야기할 때
우리 눈에 그린이 들어올 것입니다.

그린이
당신의 눈에 띈다면

Green
1

Green

당신도 모르게 근래에 그린 컬러의 사용이 늘었습니까? 옷을 사거나 네일숍에 가서 손톱에 민트 컬러를 바르기로 결정하고 보니 딥그린으로 꾸며진 자신의 발톱을 발견하는 순간이 있지 않으셨습니까? 아니면 시간이 날 때마다 숲이나 나무가 있는 근처로 나가려고 하는 빈도수가 많아지거나 하다못해 평소에 눈길이 가지 않았던 화분이라도 사 들고 오지는 않으십니까?

우리는 어떤 이유에서든 자기에게 필요한 컬러를 의식적으로나 무의식적으로 가까이 두고 취하려 합니다. 이 글을 쓰고 있는 지금이 참 재미있는 찰나입니다. 저도 컴퓨터에서 눈을 들어 주위를 살펴보니 녹색병 탄산수와 녹색 포장지로 쌓인 사탕, 녹색 컵이 눈앞에 있고 마침 오늘 받은 택배도 녹색 케이스에 담긴 샴푸라니… 순간 실소가 터져 나왔습니다. 이는 신기한 일이라기보다 우리 주변에 항상 다양한 컬러들이 있지만 의식하지 못해 보이지 않았던 컬러들이 순간 나에게 인지되는 것이지요.

그린 컬러를 생각하면 푸릇푸릇 새싹이 돋아나는 봄, 녹색 잔디가 끝없이 펼쳐진 골프장, 지친 마음을 달래는 아름다운 숲 등이 생각나실 텐데요, 그린 컬러는 '생명', '시작'을 알리는 메시지가 있습니다. 그린은 '사람'을 뜻하는 옐로우와 '하늘'을 뜻하는 블루가 섞인 컬러로 그 뜻을 풀이하면 '하늘이 인간에게 바라는 것'이 될 수 있습니다. '서로 사랑하라. 내가 너희를 사랑한 것 같이 너희도 서로 사랑하라'는 《성경》 말씀처럼 서로 어우러지며 사이좋게 지내라는 것이 아닐까 싶어요. 그래서 그린에는 '조화와 관계'라는 메시지가 있답니다.

그럼 그린 컬러가 눈에 들어오는 여러분은 어떤 시간들을 보내고 있을까요? 기존에 알고 지내던 사람들이 아닌 새로운 사람들과의 만남이 잦아지거나 무엇인가 앞날을 준비해야겠다는 생각으로 새로운 것을 추진하고 계획하려는 마음이 들 수도 있고요. 만나는 이들이 달라지다 보니 새로운 정보를 알게 되고 그 안에서 아이디어가 생겨 무언가를 추진하고자 하는 마음이 드는 시기일 수도 있습니다. 또는 많은 사람들을 만나다 보니 처음 생각했던 것과는 다른 모습이 그들에게서 보인다거나 기존에 관계가 좋았던 사람들과 문제를 겪거나 무엇인가 정리가 필요한 시점이라고 느끼고 있을지도 모릅니다.

믿었던 사람에게서 서운한 일을 겪거나 기존에 나에게 보여줬던 모습과는 다른 모습을 알게 되어 마음이 힘들지는 않으신가요? 나의 평안한 삶을 유지하기 위해 무던히 애를 쓰며 지켜 나가고 있는데 갑자기 어디선가 나타난 그들로 인해 내가 지키려 하던 행복이 흔들리는 것에 화가 나고 분노가 일지는 않으신가요? 어디다 이야기할 수도 없고 꾹꾹 눌러놓았던 감정에 나도 모르게 불쑥불쑥 화가 치밀어 오르지는 않으세요? 그저 나를 지지해주고 퇴근 후 동네에서 간단히 술 한잔할 수 있는 친구가 있고 집에 들어갔을 때 '왔니?'라고 맞아주는 가족이 있으면 행복하다고 생각하는 당신인데 바라는 게 크지도 않은 아주 소박함을 원하는 당신인데 그게 그리도 어려우냐고 왜 이리도 나를 힘들게 하냐고 어디다 마음껏 소리치고 울고 싶은 마음은 아니신지요.

그린 컬러는 심적으로 지쳐 있음을 반영하는 컬러입니다. 누군가를 챙기는 것에만 너무 몰두한 나머지 나를 챙기는 것을, 내 마음이 상처받은 것을 모르고 있지는 않으십니까? 오롯이 나만의 공간, 쉼이 필요한 상황은 아닙니까? 또는 나를 진정으로 이해해주는 사람이 없다고 느껴 혼자 어디론가, 아는 사람이 아무도 없는 곳으로 떠나고 싶은 것은 아니십니까? 그린 컬러는 당신에게 어떤 메시지를 주고 있나요?

평화로운 관계를 원하지만 관계 때문에 지치는 그린

Green

생명을 품은 자연의 에너지

긴 겨울이 지나고 어느덧 봄이 옴을 느끼는 순간이 있습니다. 매서운 칼바람 속에 어깨를 움츠리고 길을 걷다가 문득 나무에 핀 새싹 봉오리를 보며 '이제 곧 봄이 오겠구나'를 느끼는 그 순간. 어느 날 활짝 연 창밖으로 앙상한 나뭇가지에 연한 그린의 새싹이 돋고, 마음까지 차갑게 만들던 뒷산의 앙상한 나뭇가지에 어느새 푸른 잎들이 자리를 잡고 있는 걸 보면 이제 곧 봄이 시작됨을 알 수가 있죠. 그린 컬러는 우리에게 겨울이 지나 봄이 올 때 느껴지는 희망을 주는 컬러입니다.

문득 남아프리카의 장면이 떠오릅니다. 좁은 땅을 가진 우리나라에서는 느낄 수 없는 대지에서 느껴지는 광활함. 사방을 둘러보아도 눈에 걸리는 것이 하나도 없으며 그저 온전히 자연만이 있던 그곳. 잠시 눈을 감아 주변에 있던 사람들의 형상마저 지우니 오롯이 자연의 소리와 향기, 땅의 숨소리만이 남더군요. 나를 둘러싸고 있던 수많은 생각들, 정리되지 않던 관계들, 내 마음속에 떡하니 자리 잡고 있는 해묵은 감정들, 그것들이 얽히고설켜 나를 괴롭히던 모든 것들이 그저 광활한 대지 앞에서는 나를 해칠 수 없는 먼지에 불과하다는 것을 알게 되는 순간이었습니다. 이 위대한 자연 앞에서 인간은 그저 더불어 살아감을 허락받은 존재에 지나지 않으며 아등바등 조금이라도 잘 살아보려고 이리 치이고, 저리 치이는 우리의 모습들…. 그 모든 것들이 마음속에서 점처럼 작아지다 사라지고 온전히 평안함만 남는 경험을 했답니다. 이전까지의 저의 한 모습이 막을 내리고 다른 모습으로, 인생의 다음 장이 펼쳐지는 느낌이랄까요. 이런 기분을 느끼게 하는 나만의 비밀 장소 같은 곳이 누구에게나 한두 곳씩 있지 않을까 싶습니다.

　어린 시절 저에게는 그런 장소가 또 있었습니다. 시골에서 자란 저는 어떤 이유에서인지 기억나지는 않지만, 여섯 살 즈음에 동네 어르신께 새벽마다 한자를 배우러 다녔습니다. 어린 나이에 새벽 5시에 일어나는 게 쉬운 일이 아니었을 텐데 저는 매일을 그렇게 한자를 배우러 그곳에 다녔습니다. 그곳은 대문을 열고 들어가면 가운데 길을 중심으로 양쪽에 갖가지 나무와 꽃들로 가득한 곳이었습니다. 한쪽에는 우물이 있었는데 그 우물 옆은 무화과나무가 자리하고 주변으로는 꽃들이 만개했습니다. 그 우물 옆에서 수줍은 미소로 그 집 언니와 나란히 찍은 사진이 아직도 있답니다. 몇 년 전 다시 그곳을 갔을 때는 적잖이 당황을 했죠. 어릴 때는 대문을 열고 마당을 지나 한자를 배우던 별채로 가는 그 길이 꽤나 길었는데 다시 갔을 때 그 거리는 제 걸음으로 서른 발자국 남짓한 거리였습니다. 너무 커서 여기 빠지면 날 찾을 수나 있을까 걱정하던 우물은 초라한 모습으로 탁한 이끼가 끼어 빛을 잃은 지 오래였고요.

제가 그곳을 그리도 아름답게 기억하고 있는 것은 어쩌면 그 마당이 좋아서라기보다 거기만 가면 저를 친손녀보다 더 애지중지 예뻐해주시던 할아버지와 항상 예쁜 모습으로 저를 맞이해주고 재미있는 노래와 이야기를 들려주던 그 집 언니에 대한 기억 때문이 아니었나 싶습니다. 거기에서 받았던 포근함과 안락함, 언제나 그 자리에서 제가 갈 때마다 그리 반기고 예뻐해주셨던 분들을 기억하는 것이 아닌가 합니다.

그린이 갖는 에너지는 우리에게 무한한 지지와 사랑을 주는 에너지입니다. 죽어가던 것을 소생시키고 지친 마음을 달래주며 생명의 입김을 불어넣어 주는 에너지입니다.

마음으로 소통하는 그린

컬러와 신체는 연결되어 있습니다. 그린 컬러가 관장하는 신체 부위는 가슴입니다. 물리적인 부위이기도 하지만 그 안에 있는 마음의 소통을 의미하기도 합니다. 그린 컬러의 사람들은 가슴에 연민을 가득 담고 있어 만나는 모든 사람들의 긍정적인 면을 봅니다. 한 명, 한 명이 간직한 고귀함과 아름다움을 볼 줄 알고 그들의 마음을 깊이 이해하는 공감능력을 가지고 있습니다. 그래서 힘들어하는 사람을 보면 마치 자기 일인 듯 아파하고 괴로워합니다. 그들은 슬픔을 함께 느끼고 진심으로 위로하는 이들입니다. 존재에 대한 사랑이 있어서 그런 걸까요? 그들의 얼굴은 평온하고 부드러우며 눈에는 온화함이 깃들어 있습니다. 굳이 마음속 이야기를 꺼내놓지 않아도 그들을 마주하는 것만으로도 위안이 되고 위로를 받습니다.

이러한 특징 때문에 이들은 삐걱거리는 기계를 잘 돌아가게 해주는 윤활유처럼 사람 관계에서도 같은 역할을 합니다. 부서끼리의 마찰이 있거나 사람 간 트러블이 있을 때 이들은 말없이 바빠집니다. 사람을 존중하는 마음에서 우러나오는 부드러운 표현으로 어느 누구도 상처받는 사람이 없도록 가운데서 중재자 역할을 자청하고 나섭니다. 그래서 주변 사람들은 그린 컬러의 사람을 좋아합니다. 강하게 자기를 드러내지 않지만 언제나 한 발짝 뒤에서 우

리를 지지해주는 그들과 가까이 지내기를 원합니다. 우리의 말에 진심으로 귀 기울이는 그들과 이야기 나누는 시간은 달콤한 초콜 릿처럼 우리에게 휴식으로 다가옵니다.

그래서 그들을 찾는 이들이 많습니다. 고민이 생겼다며 자신의 이야기를 털어놓는 이들이 있고 너무 괴롭다며 자기에게 와달라고 전화하는 이들이 있습니다. 자기를 찾는 이가 있는 곳이라면 내가 도움이 될 수 있다면 어디든 찾아가는 이들이지요. 자신의 작은 노 력으로 내 주변의 사람들이 행복할 수 있다면, 마음의 위안을 얻어 평화로울 수 있다면 그들은 그것을 보는 것만으로 행복감과 만족 감을 느끼기 때문입니다.

관계 속의 버거움. 거절하기 힘든 그린

사람은 수많은 관계 속에서 살아갑니다. 친구나 가족 간의 관계가 좋으면 편안함을 느끼고 행복해하지만 그사이에서 갈등이 일어나면 불편함을 경험합니다. 그린 컬러의 마음에는 여러 방들이 존재합니다. 친구와 지인, 동료들의 이름으로 각각의 방이 있습니다. 그 방 중 어느 하나 소홀히 할 수가 없습니다. 그래서 가끔씩 피곤함이라는 부작용이 발생합니다.

앞서 이야기한 특징들로 인해 그린 컬러는 항상 그들을 찾는 이들이 많습니다. 나의 슬픔을 마치 자신의 슬픔인 듯 여겨 함께 눈물 흘리며 이야기 들어주는 그들은 힘들 때마다 가장 먼저 생각나는 사람들이기 때문입니다.

한번은 청소년 상담을 직업으로 하고 계시는 분을 만났습니다. 그분은 상담 일이 너무 좋다고 하셨습니다. 누군가의 이야기를 듣는 것이 자기의 성향과도 잘 맞으며 누군가를 위해 의미 있는 일을 한다고 느끼게 해주는 그 일이 참 마음에 든다고 하셨습니다. 그러던 어느 금요일, 일주일 동안 바쁜 일정으로 꽤 힘이 들었던 날이었습니다. 집에 가서 쉬고 싶은 마음에 서둘러 일을 마무리할 즈음 친구에게서 전화가 걸려왔습니다. 친구는 남편과 싸워서 마음이 힘들다며 자기에게 와서 이야기 좀 할 수 있냐고 물었습니다. 친구의 집은 본인 집과 정반대 방향이라 가는 데만도 한 시간이 넘게 걸리는 곳이었지만 힘들다는 친구의 부탁을 외면할 수가 없어서 쉬려던 자기의 계획을 미루고 친구 동네로 향했습니다. 친구가 털어놓는 이야기를 듣다 보니 어느덧 새벽 2시… 그제야 일어나 집으로 와서 잠자리에 누우니 3시가 넘었다고 합니다. 몸은 천근만근이고 내일 아침부터 일찍 나가야 하는 일정으로 잠을 잘 수 있는 시간은 단 3시간뿐. 그 순간 선생님은 '내가 왜 이렇게 피곤하게 살고 있지? 이렇게 해서 나한테 남는 건 뭘까?'라는 허무함이 들었다고 합니다. 그때 제가 물었습니다.

"그날의 그 상황으로 다시 돌아간다면 선생님은 친구의 부탁을 거절하시겠습니까?"

그분에게서 돌아오는 답변은 이랬습니다.

"아니요. 전 그때처럼 똑같이 친구에게 갔을 거예요."

버거워하면서도 거절하지 못하는 이유는 무엇일까요? 연민이 많은 그들은 '나'보다 '타인'이 먼저 작동하는 마음의 버튼을 가졌습니다. 조화를 중요시 여기는 그린 컬러는 다른 이의 부탁을 그냥 지나칠 수가 없습니다. 마치 아낌없이 내어주는 나무처럼 자신을 돌보기보다 다른 이들을 돌보는 것이 먼저인 사람들입니다. '저 사람은 정말 필요해서 나한테 부탁했을 텐데… 말하는 게 쉽지 않았을 텐데… 그러니 내가 들어줘야지… 나도 거절하면 저 사람은 어떻게 해' 이런 생각이 먼저 드는 것이지요. 이런 성향의 사람들이 있기 때문에 또 세상은 아름다운 한 페이지를 채워 나가는 게 아닌가 싶기도 합니다.

하지만 모두가 그린 컬러와 같은 마음을 가진 것은 아닙니다. 힘들 때는 찾지만 상황과 마음이 조금만 괜찮아지면 어느새 그들은 무심히 그들의 인생 속으로 들어갑니다. 고맙다는 말을 들으려 한 것은 아니지만 왠지 서운한 생각이 드는 것은 어쩔 수가 없습니다.

아무리 배려를 잘하는 이들이지만 이들에게도 한계는 존재합니다. 다른 이들의 고민은 다 들어주지만 정작 자기에게 어려움이 생길 때는 누구 하나 내 이야기를 들어주는 사람이 없습니다. 그래서 자꾸 마음에 쌓아 놓습니다. '괜찮아. 좋은 일 한 거야. 그들도 표현을 안 해서 그렇지 알고 있을 거야.' 그러고는 또 '언젠가는 그들도 알아주는 날이 있을 거야'라고 생각하며 자신의 힘든 일을 혼자 삭힙니다. 상대에게 베풀었던 호의에 대한 감사 대신 '저 사람은 항상 잘 들어줘. 좀 어려운 부탁도 잘 들어주니까 한번 이야기해봐'라는 식의 무례함으로 돌아오는 것을 느낄 때는 섭섭함이 자리합니다. 그런 섭섭한 상황들을 반복적으로 겪게 되면 당신의 마음은 지치기 시작하죠. '내가 그렇게 배려해주고 챙겨줬는데 내 호의를 어떻게 그런 식으로 받아들이지? 저 사람은 정말 고마움을 모르는 것 같아. 나를 무시하는 건가? 저 사람한테 나는 이것밖에 아니었나? 나 혼자만 너무 애를 쓰는 건가?'라는 감정들이 올라오며 나를 둘러싼 모든 것들이 싫어지고 그들에게 호의를 베풀었던 자신이 바보처럼 느껴지기도 합니다.

어느 남성 직장인의 이야기입니다. 그는 함께 일하는 부서원들을 항상 살뜰히 챙깁니다. 일을 할 때도 나서서 하는 이가 없으면 솔선수범해서 자신이 가져오고, 자기 일도 벅차면서 누군가가 힘들다고 하면 그 일까지 맡기 일쑤입니다. 회식 때는 함께 술을 마셔도 항상 끝까지 정신을 차리고 있다고 합니다. 술에 취한 부서원들을 택시에 태워 보낸 후에야 술기운이 올라온다면서요. 그러던 어느 날 본부 회식이 잡힌 날이 공교롭게도 집안 대소사와 떡하니 겹쳤다지 뭡니까? 이때 여러분은 무엇을 선택하시겠습니까? 그는 어떻게 해야 할지 몇 날 며칠을 고민했답니다. '집안 행사를 바꿔야 하나? 팀 회식이 아니고 본부 회식인데 빠지면 곤란할 텐데… 그렇다고 내가 집안 행사에 안 가면 그 일을 맡아서 할 사람도 마땅치 않은데 참 곤란하네' 하면서 말이죠. 고민을 거듭하다 회식 전날 상사에게 조심스럽게 찾아가 이런저런 이유로 회식 참석이 불가하다고 이야기했고 상사는 아무렇지도 않게 당연히 집안일을 보라고 했다고 합니다. 그때 그는 기쁨보다는 허탈감이 들었다고 해요. '내가 없어도 되는 건가? 이렇게 쉽게 답을 들을 걸 난 왜 그렇게 몇 날 며칠을 어렵게 고민했던 걸까?'라고 말이죠.

이런 비슷한 일들이 그린 컬러에게는 자주 일어나는 일들입니다. 남에게 피해주기 싫은 마음에 '아니요', '싫은데요', '그건 그렇지 않습니다'와 같은 표현은 그들에게 해당되지 않는 이야기들입니다. 그런데 저 남자분처럼 막상 이야기를 하면 너무 쉽게 풀릴 상황들인데도 표현하지 않는 것 때문에 내 마음이 어렵고 어떨 때는 상황 자체가 꼬이는 일들이 생깁니다. 내가 고민하는 이 상황이 내가 생각하는 것만큼 타인에게 중요한 문제가 아닐 수도 있습니다. 그러니 한번 용기를 내서 표현해보시는 건 어떨까요? 그럼 훨씬 수월해질 겁니다.

친절과 오지랖의 경계

누구에게나 혼자 쉬고 싶은 시간이 필요하고 아무리 친한 관계라 해도 상대가 지켜줬으면 하는 마음 안에 보이지 않는 선이 존재합니다. 그 영역은 개개인마다 천차만별입니다. 누군가는 배려였으나 누군가에게는 부담일 수 있고, 누군가는 관심이었으나 누군가에게는 집착처럼 보이고, 너무 자상해서 좋았던 친구의 모습이 어느 날은 과한 관심으로 부담스러운 것처럼 그 경계는 모호합니다. 그래서 관계는 항상 우리에게 많은 숙제를 던져 줍니다.

A씨는 친절한 대학생이었습니다. 친구가 사고가 나서 보호자가 필요한 상황에 당장 갈 사람이 없자 A씨는 병원까지 한걸음에 달려가 그를 도와줍니다. 또 팀플 과제를 수행하는 중에 아르바이트 핑계를 대며 요리조리 빠지고 숟가락만 얹으려는 동기들에게 싫은 소

리를 하지 못하고 힘들지만 혼자 도맡아 하기도 했습니다. 회사에 들어가서도 깍듯한 매너에 부드러운 말투로 동기들에게 친절했고 배려도 넘쳤습니다. 업무가 펑크 나면 주말에도 달려 나왔고 야근을 밥 먹듯 하며 회사와 팀을 위해 헌신했습니다. 누구에게 화를 내거나 징징거리지도 않았습니다. 모두에게 좋은 사람으로 평가받았지만, 그의 그런 모습에 넌더리를 내는 건 그의 여자친구였습니다.

어느 날 여자친구는 그에게 "넌 친절한 게 아니야. 그냥 남의 눈치를 보는 거야"라며 독설을 퍼부었죠. 2년간 그를 봐온 여자친구는 회사에는 헌신하면서 자신에겐 소홀한 모습에 더 이상 참을 수 없었던 것입니다. A씨는 이 때문에 연인과 헤어진 게 처음이 아니라고 했습니다. 왜 자기를 이해 못 해주냐면서요.

많은 사람들을 만나다 보니 정말 각양각색의 사람이 있음을 알게 됩니다. 그린 컬러의 또 다른 이야기를 해볼까 합니다. 그분은 사람을 살뜰히 잘 챙기는 성향입니다. 친한 동생들에게 요즘은 어떻게 지내냐, 어려운 일은 없느냐며 전화를 걸어 안부를 묻습니다. 그녀의 질문에 동생들은 자신의 고민들을 편하게 털어놓게 되죠. 한창 연애하고 직장에 적응할 나이들이라 고민이 항상 많습니다. 그들에게 조언을 해주다 보면 통화 시간은 매번 1시간이 넘어갑니다. 그들과의 통화는 항상 그런 패턴입니다. 반복되는 질문과 반복되는 고민 상담, 그리고 긴 시간의 통화, 어느 순간부터는 그것이 정말 고민 상담인 것인지, 아니면 조언을 해주려는 욕구 해소의 장인지 구분이 안 될 정도였죠. 그분은 일주일에 3~4일을 다른 사람을 챙기는 데 시간을 허비한다며 하소연하지만 다른 이들에게는 한 시간 넘게 이어지는 그녀의 조언 같은 잔소리, 조언을 위장한 자신의 이야기를 늘어놓는 그녀의 전화를 받는 것 또한 쉬운 일이 아니었습니다. 친절이 오지랖으로 넘어가는 순간이었습니다.

그렇기에 우리는 항상 자각해야 합니다. 다른 이를 위한 선행이 어느 순간 습관처럼 자리하고 있지는 않은지, 나의 베풂이 누구를 위하는 것인지를요. 어느 순간 선을 넘는 그 찰나를 인식하는 것이 그린 컬러에게는 무엇보다 중요합니다.

Green - 이럴 때 눈에 띠고 우리에게 도움을 줍니다

66

- 새로운 일을 계획하고 시작할 때
- 다양한 사람들과의 만남이 잦을 때
- 관계 속 갈등을 겪고 있을 때
- 조화로운 관계 형성을 원할 때
- 나만의 공간, 쉼이 필요할 때
- 친절과 오지랖의 경계 찾기가 필요할 때

99

그린을 위한 조언

Green

그린이 균형 상태일 때는 언제나 우리를 포근히 감싸주는 대자연처럼 편안함과 휴식을 제공합니다. 사람을 귀하게 여기는 마음과 특유의 부드러움으로 누구와도 잘 어울리며 사람 간의 균형과 조화를 이루는 사람들입니다. 그들에게 내 이야기를 털어놓다 보면 언제 힘들었냐는 듯 불편했던 마음이 사라지고 사랑과 온정으로 채워지는 것을 느낍니다. 마치 뜨거운 여름날 불어오는 시원한 바람처럼 우리의 마음을 소생시키죠.

하지만 균형이 깨지면 과도한 베풂과 집착으로 상대를 힘들게 하며 자신이 여태껏 해왔던 것들에 대해 손해 본 것 같은 생각이 들고 아무도 자신을 알아주지 않는다는 마음에 서럽고 화가 나 폭력적인 성향을 보이기도 합니다.

회사에서는 한없이 자상한 최 부장이 있습니다. 직원 한 명도 소홀히 대하는 법이 없었으며 조직에서 자칫 소외감을 느낄 수 있는 계약직 직원들까지 항상 세심히 신경 썼습니다. 명절 선물도 먼저 챙겨주고 출장을 다녀오면 그 지역의 특산품을 사와 직원들에게 나눠 주기도 하셨죠. 윗분에게 혼난 것을 아래 직원에게 화풀이하는 상사들이 많은 반면 최 부장은 오히려 반대였습니다. 잘못한 직원에게 무엇이 잘못됐는지 알려주고 다음에는 잘 할 수 있을 거라 독려하고 직원들을 대신해서 임원과 회사에 의견을 개진하기도 했습니다. 한마디로 인기 만점 부장님이었습니다. 그런데 그런 분이 가정에서는 무심한 남편이었습니다. 남들에게는 너무 자상하고 좋은 상사이지만 가족을 위해 시간을 내거나 남들을 챙기는 것만큼 가족을 챙기지는 않는 그저 얼굴 보기 힘든 바쁜 아버지였습니다. 회사에서 살아남기도 힘든데 어떻게 가정에서까지 잘하겠느냐는 것이 최 부장의 항변이었습니다.

최부장이 잘못됐다는 것이 아닙니다. 우리 모두가 인생을 처음 살아가는 것이고 아직 가보지 않은 길인데 누가 감히 어떻게 사는 것이 잘 사는 것이고, 그렇지 않다고 단정 지을 수 있겠습니까? 다만 컬러를 통해 많은 분들과 이야기하다 보면 본의 아니게 가까운 사람에게서 깊은 상처를 받는 사람들이 많다는 것을 알게 됩니다. 대외적으로는 돈도 잘 쓰고 매너 좋은 여성이지만 가족에게는 허구한 날 돈 없다는 소리를 입에 달고 살며 부모님에게서 갖가지 명목으로 돈을 받아가고 동생들에게는 온갖 짜증과 험한 말을 하는 사람도 있습니다. 외부에서 만나는 모든 여성에게는 친절함과 자상함으로 무장하면서 아내에게는 홀대하고 무심하며 폭력적인 성향을 보이는 남편도 있습니다.

이 모든 것이 균형의 문제입니다. 제가 만났던 그린 컬러의 성향 중 가장 안타까웠던 분이 있었는데 결혼한 지 3년 정도 되는 남편이었습니다. 직장에서도 열심히 사는 분이었고 아내와 태어난 지 얼마 되지 않은 아이에게도 최선을 다하는 분이었죠. 그런데 그분이 저에게 건넸던 말이 잊히지 않습니다. 본인은 퇴근 후 돌아가는 자신의 집이 그다지 편하지가 않다고 했습니다. 방전된 에너지를 충전하고 잠시 쉬고 싶지만 퇴근과 동시에 본인에게는 쉼이 허락되지 않는다고요. 집에서 자기가 쉴 수 있는 공간은 잠시 들어가는 화장실에서의 5분, 10분이 전부라고요. 저는 아내에게 그런 마음을 이야기하고 함께 해결책을 찾아보는 게 어떻겠냐고 조언했지만 그는 아내도 육아 때문에 너무 힘든데 그 말을 어떻게 하냐며 그저 자기가 조금 더 버티면 된다고 하더라고요. 너무 모든 면에서 착한 사람으로 살려다 보니 자신의 마음을 홀대하는 경우였습니다. 아내와 함께 이야기하다 보면 더 좋은 방법이 있을지도 모르는데 말이죠.

'착하게 살아야 해'라는 생각으로 자신을 너무 몰아세우지 마십시오. 힘든 것은 힘들다 이야기하고 할 수 없는 것은 할 수 없다고 이야기하세요. 거절을 해야 그만큼 여유가 생겨 정말 중요한 이들에게 사랑을 표현할 수 있습니다.

그린 컬러 본연의 아름다움을 변질되지 않게 그대로 지키기 위해서는 베푸는 순간에 그 베풂이 진정 누구를 위한 것인가를 알아차려야 합니다. 누군가가 나를 알아줬으면 하는 바람에서 시작된 것인지 아니면 바람이 없는 진정한 베풂인지를 알아차려야 합니다. 아주 조그마한 바람이라도 내 안에 있다면 과감히 베풂을 중단하고 타인이 아닌 당신을 위해 시간과 마음을 사용하십시오. 나는 누군가를 위해 나를 내어주더라도 상대는 나에게 아무것도 하지 않을 수도 있습니다. 그들에게 감사 인사를 받으려 하지도 마십시오. 그래도 괜찮다면 당신이 하던 것을 하셔도 됩니다.

전화기에 저장된 1,000명의 연락처 중 지금 당장 당신에게 와줄 수 있는 사람이 몇 명이 있는지, 당장 와줄 수 있는 그들에게 집중해보는 오늘 하루가 되길 바랍니다.

감정 마주하기

지금까지 그린이 가지고 있는 메시지들을 살펴봤는데 느낌이 어떠신가요? 여러분 주위에서 누군가 떠오르는 사람이 있나요? 당신에게 가장 크게 다가왔던 메시지는 무엇인가요?

인간에게 관계는 떼려야 뗄 수 없는 것입니다. 사람 때문에 큰 스트레스를 받고 모든 관계로부터 다 떠나고 싶다가도 막상 혼자 있을 때 그 외로움을 견뎌낼 사람은 그리 많지 않습니다. 어쩔 수 없는 관계 속에서 내 마음을 다치지 않는 방법을 찾는 것이 필요하죠.

자, 그러면 지금부터는 당신의 이야기를 들어볼까요?

아무 형식 없이 적고 싶거나 떠오르는 기억, 감정들을 자유롭게 써내려가는 시간입니다. 말이 안 되더라도 괜찮습니다. 누구에게 보

여줄 것도 아니에요. 그저 오래 묵혀 두었던 또는 누군가에게 털어
놓기에는 좀 애매했던 나의 이야기를 스스로에게 들려주는 시간이
랍니다. 자유롭게 써내려가다 보면 또 알게 되는 부분이 있을 거예
요. 그럼 여러분의 감정을 적어 볼까요? 그리고 혹 적는 것보다 이
야기하는 게 더 편하신 분들은 다음 형식을 토대로 나의 이야기를
털어놓을 수 있는 친구에게 이야기하는 시간을 가져도 좋습니다.

(샘플 단어/문장)

내가 지칠 때는…
요즘 나의 관계는 어떤가요?
일주일간의 휴가가 생긴다면…
거절을 하면 어떤 일이 일어날 것 같아요?

생각나는 것들을 다 적으셨나요?

그럼 잠시 차 한잔을 드시거나 노래 한 곡을 들으며 생각을 전환하는 시간을 갖겠습니다.

이제 다시 한번 여러분이 적은 단어나 문장들을 보겠습니다. 단, 나의 감정과 분리해 내가 모르는 제3자가 적은 것처럼 읽어 볼까요?

어떤 단어들이 적혀 있나요? 이 단어들을 적은 사람은 그린의 어떤 에너지에 몰입이 되어 있는 것 같습니까? 그에게 필요한 것은 무엇이라고 느껴지시나요?

그럼 지금의 당신에게 필요한 것은 무엇일까요?

내가 나에게 주는 위로

나도 이제부터 할 말은 하고 살아야겠어.

그린을 위한 한마디

Green

여러분이 그린을 경험하고 있다면 필요할 때마다 다음 글들을 마음속으로 따라 해보세요. 다음 문구 중 가장 와 닿는 글귀를 아침에 일어나서, 그리고 하루를 마감하기 전에 가슴에 두 손을 얹고 스스로에게 이야기해주세요. 그리고 여러분은 그린 에너지 경험이 끝났더라도 주변 누군가가 그린 에너지를 겪고 있다고 생각되면 조용히 그들에게 이런 말들을 전해줘도 좋습니다. 당신의 사소한 한마디가 그에게는 절실히 필요한 말일 수도 있거든요.

너의 이야기를 들려줘.
네가 그랬던 것처럼 내가 너의 곁에 있을게.
평생 너의 편이 되어 줄게.
너는 참 좋은 사람이야.
여기 와서 쉬어. 울고 싶으면 울어도 돼.
좀 더 이기적이어도 괜찮아.
오늘은 오로지 너를 위해 쉬어.

그린을 위한 글

소음 속에 그대 속삭임은 나를 멈추게 하고
당신과 나누는 일상적인 대화 속에
마음으로 흘린 슬픈 마음
위로를 받는다.
바람 부는 언덕
나무 그늘 아래 잠시 쉬어가듯
서로의 눈을 보며
어지러운 세상 속 지친 마음
눈처럼 흰 그대 영혼에
잠시 기대 위로를 얻는다.

Part 5.

옐로우

Yellow

장마철에 뜨는 태양처럼 주변을 환하게 밝히고
기쁨의 에너지를 선사하는 컬러입니다.
우리에게 자신감을 불어 넣어주고 당당함을 선물합니다.
생각을 멈추고 가슴을 열어 세상 앞으로 나아가세요.

옐로우가
당신의 눈에 띈다면

Yellow

요즘 당신의 기분은 어떤가요? 당신은 어떤 일주일을 보냈나요? 친구를 만날 때나 또는 모임에서 그리고 직장에서 당신을 둘러싼 주변 상황들에는 무슨 일들이 일어나고 있나요? 그 일들이 당신에게 미치는 영향은 무엇인가요? 자, 그럼 잠시 눈을 감고 호흡에 집중해보겠습니다. 주위에서 들리는 모든 것에 잠시 신경을 끄고 내 안에서 일어나는 호흡을 따라가볼게요. 코를 통해 숨을 깊이 들이마시고 입으로 내뱉습니다. 다시 한번 깊이 들이마시고 내쉽니다. 자연스레 호흡을 따라가며 들이쉬고 내쉬는 호흡에 당신 몸이 어떻게 변화가 있는지 살펴보세요. 오로지 당신의 호흡에만 집중해보세요. 그리고 이제 옐로우를 떠올려 봅니다. 노란 해바라기 꽃밭에 있는 자신을 떠올려도 좋고 노란 풍선을 들고 있는 모습을 떠올려도 좋습니다. 당신에게는 어떤 이미지가 떠오르나요? 당신의 표정은 어떠합니까? 당신의 감정은 어떠한가요?

옐로우는 기쁨과 관련되어 있습니다. 만약 당신이 옐로우 컬러가 끌린다면 당신은 어린아이 같은 순수함으로 당신 주변을 밝고 긍정적인 에너지로 채우며 살아오고 있을 수도 있습니다. 또는 어린아이와 같은 순수함 대신 치열한 삶 속에서 내 자리를 지키기 위해 날을 세우고 남보다 한 발이라도 앞으로 나아가기 위해 경쟁하며 살아내고 있을지도 모릅니다. 마음속에서는 기쁨과 즐거움, 순수했던 그 시절을 회상하면서 말이죠. 《성경》에 "어린아이와 같이 되지 아니하면 결단코 천국에 들어가지 못하리라"는 구절이 있습니다. 이는 세상을 살아가다 보면 놓치기 쉬운 것이 순수성이고 그 순수성은 인간이 살아가는 데 중요한 선물임을 알려주는 의미가 아닐까 합니다.

여러분은 어린아이와 같은 순수함을 아직도 간직하고 있습니까? 언제까지 그 순수함을 간직했던 것 같습니까? 어린아이처럼 마음 놓고 웃어본 적은 언제였습니까?

당신의 삶에서 순수하게 마냥 즐거워했던 때를 떠올려 보세요. 당신은 무엇이 그리도 즐거웠나요? 그리고 무엇이 그리도 당신의 마음을 무겁게 만들었나요? 내가 가진 타이틀을 지켜내느라 너무 종종거리며 살아오고 있지는 않습니까? 내가 만들어 놓은 기준의 사람이 되기 위해 한 치의 여유도 없이 앞만 보며 달려오고 있나요? 그러다 보니 점점 '나'라는 존재가 원래 어떤 사람이었는지 헷갈리고 있나요? 하루하루 내 자리를 지키기 위해, '나'라는 존재로 살아내기 위해 잃어버린 순수의 빛을 찾아야 할 때라고 옐로우가 이야기하고 있는지도 모릅니다. 삶이 지치고 힘들 때 한적한 공원 벤치에 앉아 따뜻한 햇볕을 쬐는 것만으로도 많은 위로가 되어줄 옐로우에 대해 지금부터 알아보겠습니다.

자신감 뒤에 숨긴
두려움의 옐로우

Yellow

옐로우는 삼원색 중 하나이며 '사람', '지성'이라는 메시지를 담고 있는 컬러입니다. 그래서 옐로우 성향의 사람들은 호기심이 많고 새로운 것을 학습하려는 기본 성향을 지니고 있죠. 마치 아이들과의 대화처럼 말이죠. 아이를 키우는 부모이거나 조카와 시간을 보냈던 분들이라면 이해하실 텐데요. 아이들이 성장하는 과정 중 어느 시점에 질문 폭탄이 터지는 시기가 있습니다. 산책길에서 보게 되는 꽃, 나비, 새, 지나가는 할머니, 하다못해 돌멩이까지 질문 지옥을 경험해본 분들이 있을 겁니다. 보이는 모든 것을 가리키며 "이거 뭐야? 이건 뭐야?"를 하루에도 수십 번씩 쏟아냅니다.

제가 아는 동생이 자기 조카와 나눈 이야기입니다. 다섯 살 난 조카가 그녀의 얼굴을 찬찬히 보더니 묻더랍니다.

"이모 눈에는 왜 선이 있어?"

"응 눈을 따라 선이 있지? 이건 쌍꺼풀이야."

"그럼 이모는 이마에도 쌍꺼풀이 있는 거야? 눈 밑에도 쌍꺼풀이 있고 이모는 쌍꺼풀이 되게 많다."

무엇인가 한 방 먹은 것 같지만 화를 낼 수 없는 건 그 순수한 얼굴 때문이 아닐까요? "왜 지구는 둥글어?", "학교는 왜 가야 해?", "나쁜 것들은 왜 나빠?", "목욕하고 나면 왜 손이 쭈글쭈글해져?", "새우는 다리가 있는데 왜 밖에서 못 살아?" 등 질문에 답을 해주다가도 어느 순간에는 이 아이들이 답을 원하기는 하는 건가 싶을 정도로 다른 질문들이 줄지어 나옵니다. 그 나이의 아이들은 세상을 알아가고 궁금한 것이 많고 배울 것도 많은 시기죠. 지식을 쌓고 그것을 통해 성장해 나가는 시기입니다.

이 패턴은 성인이 되어서도 똑같이 일어납니다. 제가 만난 옐로우 성향의 사람들 대부분은 검증된 데이터를 중시 여기며 자기가 알고 있는 지식을 통해 사고하는 스타일입니다. 자신의 지식에 있지 않은 정보가 들어올 때는 어떤 논리에 근거한 이야기인지 묻기도 하고, 지적 호기심이 많기 때문에 새로운 것에 대한 흥미도 있어서 그것을 자기 것으로 소화하기 위해 질문도 많아지죠. 마치 지식을 Ctrl c + Ctrl v 하듯이 어떤 정보와 연구, 지식들을 그대로 차곡차곡 자신의 머리에 데이터베이스화 합니다. 강의를 하다 보면 강의 중 알게 된 내용에 대해 질문을 하는 친구들이 있습니다. 처음의 질문은 좋은 질문이나 그다음 꼬리에 꼬리를 무는 질문은 어느 순간 의미 없는, 말 그대로 질문을 위한 질문일 때가 종종 있죠. 궁금증에서 시작한 질문이 강사와 교육생 간의 파워게임으로 변하는 순간이기도 합니다.

분명히 똑똑한 사람들인데 어떨 땐 머리가 너무 앞서 구동된다는 느낌을 받기도 합니다. 앞서 이야기한 내용 중 컬러로 자신의 마음 상태를 리딩 받은 여성이 자기도 모르게 눈물을 흘리면서 "내가 왜 울지? 어머, 이상하다. 왜 눈물이 나지? 난 모르겠어요. 어머, 이상해. 왜 이러지?"라며 그 눈물을 머리로 이해하려 하는 모습을 보이기도 했죠. 세상에는 머리로 이해하는 것과 마음으로 이해해야 하는 것들이 있습니다. 내가 아직 알지 못하고 접해보지 못한 것들이지만 세상 어딘가에는 존재하는 것들이죠. 딱히 지식을 쌓지 않았지만 살아온 세월과 경험으로 알게 되는 것들 말입니다. "나쁜 것은 왜 나빠요?"라는 어린아이의 질문에 순간 멈칫하게 됩니다. 넓은 범주에서 보면 좋고 나쁨을 나누는 기준은 어디에서 오는 걸까요? 누가 그것을 나눌 수 있을까요? 어쩌면 우리는 모든 것을 본능적으로 알고 있을지도 모릅니다. 가슴에 집중하면 우리는 이미 알고 있을지도 모릅니다. 그런데 가슴보다 먼저 머리가, 지식이 작동하는 것일지도 모릅니다.

"머리를 비우면 마음의 소리가 더 잘 들립니다."

기쁨의 컬러 옐로우

옐로우가 가진 가장 큰 키워드 중 하나는 '기쁨'입니다. 2015년에 개봉됐던 〈인사이드 아웃(Inside Out)〉이라는 영화 기억나시죠? 그중 기쁨을 담당하는 조이의 컬러가 옐로우로 표현된 걸 보고 '이 캐릭터를 만든 사람은 컬러에 대한 지식이 있는 사람이겠구나' 생각했죠.

여러분은 어떨 때에 기쁨을 느끼나요? 20일이 넘게 비가 내리는 장마철에 잠깐 쨍 하고 내리쬐는 태양을 보았을 때, 미세먼지 가득한 회색 하늘이 지나가고 파란 하늘을 볼 수 있을 때, 너무 뜨거워 숨 쉬기도 어려운 여름날이 지나고 어느새 바람의 온도가 차가워짐을 느낄 때, 이럴 때는 그 누구라도 기분이 상쾌해지는 것을 느끼실 겁니다.

한번 상상해보겠습니다. 유난히 고됐던 한 주를 보낸 토요일 오후, 여러분은 모처럼 친구를 만나러 가기 위해 버스를 기다리고 있습니다. 회사에서 실수했던 그날의 기억들이 머리에서 떠나지 않는 멍하면서도 나른한 오후, 그때 주변을 가득 메우는 까르르까르르 그치지 않는 웃음소리에 고개를 돌려 보니 세상 근심이라고는 한 번도 경험해본 적이 없는 것처럼 마냥 행복하게 웃고 있는 아이의 얼굴이 보입니다. 무엇이 그리도 좋은지 알 수는 없지만 그 아이와 엄마는 계속 이야기를 나누며 웃음이 끊이지 않습니다. 그 모습을 보고 있자니 우리의 경직되고 지친 얼굴에도 엷은 미소가 지어집니다.

저에게도 옐로우 성향의 조카가 있습니다. 그 아이는 미국에서 태어나 거기서 살고 있는데 그 아이가 다섯 살 때쯤인가 한국에 들어왔던 적이 있습니다. 자주 볼 수 없는 조카라 한국에 있는 동안 최선을 다해주고 싶었답니다. 그 녀석도 비행기에서 내린 직후엔 서먹서먹해하더니 그동안 영상통화로 얼굴을 익힌 덕분인지 우리는 금세 친해졌습니다. 그리고 그 아이의 본모습이 나오기 시작했죠. 항상 무슨 즐거운 일이 있는 것처럼 목소리는 들떠 있고 호기심 많은 표정과 웃음기 가득한 목소리로 주위를 돌아다녔죠. 형의 물건을 어딘가에 감추고 그것을 찾아다니는 형을 보며 자기는 모르는 일이라며 능청을 피우고 또 저를 향해서 알려주지 말라는 제스처로 저를 공범으로 만들기도 했죠.

또 어느 날에는 자기 가족과 함께 자지 않고 저랑 같이 자겠다며 저를 따라나서더군요. 시차 때문에 새벽부터 일어나는 그 아이를 아침잠 많은 제가 어찌 감당할까 싶어 망설였지만 결국 저는 그 아이를 데리고 저희 집으로 와 같이 잠을 청했답니다. 그리고 새벽에 그 아이가 소곤거렸습니다.

"이모, 저 배고파요. 밥 줄 수 있어요?"

도저히 일어날 수 없었던 저는 "이모 너무 졸려. 한 시간만 있다가 주면 안 될까? 한 시간 참을 수 있겠어?"라고 이야기했더니 "알겠어요. 참아볼게요"라고 하더군요. 그리고 저는 다시 잠이 들었고 어느샌가 그 아이는 또 소곤거렸습니다.

"이모, 일어났어요? 한 시간이 지난 것 같아요. 이제 밥 차려 줄 수 있어요? 더 참을 수가 없을 것 같아요."

저는 그 말을 듣고 그렇게 이야기하는 그 아이가 너무 귀여워서 일어나지 않을 수가 없었죠.

그 아이를 생각하면 잊히지 않는 장면이 있답니다. 언니네와 함께 아침을 먹기로 약속한 날, 저희 집 쪽으로 걸어오고 있는 언니네를 맞이하기 위해 집 앞 횡단보도 앞에 서 있었습니다. 길 건너에서 언니네가 걸어오는 것이 보였고 우리는 횡단보도를 사이에 두고 멈춰 서 있었습니다. 신호가 파란불로 바뀌자마자 아이는 엄마 손을 놓고 "이모!" 하며 뛰어와 안겼습니다. 누가 보면 제가 그 아이의 엄마인 줄 착각할 정도였답니다. 그때 저는 기쁨과 함께 왠지 모를 뭉클함이 느껴졌답니다. 나중에 커서 저와 결혼하겠다던 그 아이가 열 살이 된 지금, 자기는 그런 말을 한 적이 없다고 합니다. 여기저기 뛰어다니고 이 사람 저 사람에게 애교를 피우던 그 아이는 이제 점점 핸드폰과 게임에 빠져 그런 모습이 줄어들고 있지만 그 아이가 그때 저에게 줬던 그 기쁨들은 가슴 한쪽에 그대로 있어 그 아이를 떠올릴 때마다 저를 미소 짓게 한답니다.

아이 없이 어른들만 있는 집과 아이가 있는 집의 분위기가 다른 것도 이런 이유 때문인 것 같습니다. 엄하고 표현이 없던 아버지가 딸이 아이를 낳자 손녀 앞에서 좋아 어쩔 줄 몰라 하며 말씀이 많아지고 애정을 표현하는 모습이 낯설었다던 어느 딸의 이야기처럼, 삭막하기 그지없던 집안이 아이의 존재 하나만으로 웃음이 끊이지 않고 가족끼리 대화가 많아지며 분위기가 달라졌다는 말이 이 말인 듯합니다.

옐로우 컬러는 천진난만하고 순진무구함으로 주변을 밝히는 긍정과 기쁨의 에너지를 품고 있습니다. 그런 옐로우 성향의 사람들은 항상 즐거움을 간직하고 유머가 있기 때문에 그의 주변에는 웃음소리가 끊이지 않습니다. 바로 이 에너지가 다른 이들을 행복하게 만드는 옐로우의 힘입니다.

'나'를 설명하는 것들

'라떼는 말이야' 이 말을 아십니까? 기성세대가 자주 쓰는 '나 때는 말이야'를 풍자하는 표현인데요. 왜 어른들은 자꾸 '나 때는 말이야'라며 옛날이야기를 꺼내는 걸까요? 예전 이야기를 꺼내는 일이 잦다면 과거가 주었던 즐거움, 잘나가던 한때를 회상하는 것이고 현재는 그때보다 그렇지 못해 그리움이 묻어난다는 것입니다. '나도 한때는 따라다니는 남자들이 많았어. 나도 한때는 열정을 불사르며 열심히 일했지. 나도 한때는 멋진 집에서 살았어. 나도 한때는 비싼 거 많이 사고 좋은 데 가서 즐길 거 다 즐겼지' 이런 이야기를 하는 분들을 적잖게 봅니다. 그 이면에 있는 마음은 무엇일까요? 데이트할 상대도 없이 혼자인 것이, 예전 같은 열정이 없어서 뚜렷한 성과가 없더라도, 예전보다 평수를 줄여 물건들을 버리며 짐을 줄여야 하는 것이, 이제는 백화점에서 마음에 드는 브랜드의 상품을 마음껏 집어 드는 대신 다음 달에 청구될 카드값을 떠올리며 절제해야 하는 지금이 아무렇지도 않고, 괜찮다는 이야기일까요? 만약 그런 현실이 정말 아무렇지도 않았다면 '나도 한때는'이란 말조차도 꺼내지 않았을 겁니다.

한 여성이 강남 어느 동네에 친구를 만나기 위해 갔다고 합니다. 친구가 커피숍에 먼저 도착해서 2층에 있다는 이야기를 듣고 그녀는 오랜만에 친구를 볼 생각으로 단숨에 2층으로 올라갔습니다.

그런데 그 옆 테이블에 아이를 학원에 보낸 후 티타임을 갖고 있던 대여섯 명의 엄마 무리들이 자기를 위아래로 훑는 시선을 느꼈다고 해요. 머리부터 발끝까지 그녀가 하고 있는 모든 것을 견적내듯이 말이죠. 우리도 그런 경험들을 많이 하게 됩니다.

저도 비슷한 경험을 한 적이 있습니다. 예전에 선물로 받은 것과 큰마음 먹고 사놓은 몇 개의 명품 가방과 지갑이 있습니다. 그런데 점점 가방에 챙겨야 할 것들이 많고 무거워지다 보니 버클 무게만으로도 한 몫 하는 지갑 대신 최대한 가볍고 조그마한 카드지갑 하나만 들고 다니게 되더군요.

그러던 어느 날 지갑을 들고 나간 적이 있었습니다. 그런데 친구가 "와, 너도 명품 지갑 있었네" 하는 겁니다. 그 말을 듣고 저는 깜짝 놀랐죠. 지갑도 그거 하나만 있는 것도 아니고 그날 들고 간 지갑보다 더 비싼 지갑도 화장대 서랍에 처박혀 있는데 '이 반응은 뭐지?' 집에 돌아와 그 말을 한참 되뇌었습니다. 물론 저를 오래 알아온 친구라면 저에 대해서 잘 알기 때문에 그런 이야기를 하지 않았겠죠. 그 친구는 최근에 알게 된 친구로 저의 최근 모습만으로 저를 알아가고 있는 상황이었을 테니까요. 그러면서 이런 생각이 들더군요. 우리는 어쩔 수 없이 보이는 모습으로 상대를 파악하고 정의 내리고 있구나. 내가 들고 있는 것, 입고 있는 것, 어느 학교를 나왔고, 어느 직장에 다니는지, 연봉은 얼마고, 어느 동네에 사는지, 어느 아파트에 사는지, 무슨 차를 타고 다니는지 말이죠. 여러분을 설명하는 타이틀은 무엇인가요?

좋은 학교를 졸업하고 내로라하는 직장을 다니면서 능력을 인정받고 진급을 하며 명예가 높아질 때 사람들은 자칫 착각을 하게 됩니다. 어느 회사의 간부, 선생님, 교수 등 내 이름 앞에 붙은 직책이, 그 타이틀이 곧 '나'라고 생각하며 그것을 놓치지 않으려 무던히 애를 쓰며 수십 년을 살아가게 됩니다. 그러다가 그 타이틀을 내려놓고 자유인이 될 때 그 타이틀이 더 이상 나를 수식하지 않을 때, 직장과 직책을 내려놓고 그저 내 이름 두세 글자만 남을 때, 내가 누리던 것들이 내가 아닌 내 앞에 붙은 수식어의 힘이었음을 알게 되고 자기의 존재감에 대해 생각하게 됩니다. 반평생을 직장인으로서 살다가 은퇴 후 느끼는 우울감… 직장에서 인정받던 상사에서 갑자기 날마다 출근할 곳이 없어지고 무엇인가 자기 자리를 찾지 못하는 그들은 자신의 의미에 대해 의문이 생기며 무력감을 경험하게 됩니다.

연세가 많으신 노 교수님을 뵌 적이 있습니다. 그분에게서 몇 주간 수업을 듣는데 오실 때마다 여행 가방을 들고 오시는 거였습니다. 처음에는 '어디 여행 다녀오셨나 보다'라고 생각을 했는데 그다음 수업 때도 같은 가방을 가지고 오셨고 그다음에도 마찬가지였죠. 세 번째 수업 때쯤 교수님께서 그 가방 안에 우리에게 나눠 줄 보조 자료가 많이 들어 있다고 하셨습니다. 여행 가방에 들고 오실 정도면 얼마나 많은 자료가 있을까 내심 기대하며 그 가방이 열리길 기대했으나 마지막 수업 때까지 딱 한 번 열렸던 것으로 기억합니다. 그리고 마지막 수업 때서야 그 가방이 교수님에게 주는 의미가 무엇인지를 이해할 수 있었답니다. 교수님의 댁은 언덕에 위치해 있었는데 지금처럼 스마트폰 터치 몇 번으로 집 앞까지 택시가 오는 그런 시절이 아니었기에 수업하러 오시려면 큰길까지 직접 걸어 내려오셔야 했습니다. 그런데 댁에서부터 큰길까지 여행 가방을 끌고 내려오는 그 길이 참으로 즐겁다 하셨습니다. 그 길을 내려올 때마다 만나는 동네분들이 하나같이 이렇게 말씀하셨다고 합니다. "어머, 교수님은 연세도 있으신데 아직도 그렇게 일을 다니시네요. 멋있으세요"라고 말이죠. 그 말을 듣는 순간 알게 됐습니다. '아… 저 여행 가방은 서류가 담겨 있는 가방이 아니라 한창 잘나가던 교수님의 젊은 시절의 기억과 푸릇함, 나라는 존재를 담고 있는 것이었구나' 그런 의미의 가방이었기에 자료가 가득 담겨 있다던 그 가방은 끝내 열리지 않았답니다.

타이틀이 주는 것이 많을수록 타이틀에서 빠져나온 후 허무함이 큰 것 같습니다. 인기를 크게 끌었던 작품의 주인공, 큰 사랑을 받았던 배역의 배우들이 그 작품이 끝나면 우울감과 허무함에 빠져 잠시 슬럼프를 겪는 것도 이와 같은 현상으로 이해할 수 있습니다.

나의 역할, 나의 직책이 내가 아님을 구분하는 명료함, 나의 존재 자체에 대한 인정과 수용이 필요한 시점이 옐로우 에너지가 필요한 시점입니다. 자신을 수식하는 타이틀에 마음의 중심을 내어 주지 말고 스스로를 마주하십시오.

무대 위의 주인공_ 자신감과 자존감

연극 무대에 올라가는 주인공의 하루를 생각해볼까요? 한 시간 반 정도의 작품을 위해 자신의 배역으로 두세 달을 보냅니다. 무대에 올라가는 당일, 거울 앞에 앉아 그 배역에 맞는 분장을 하고, 표정을 지어 보이고, 옷을 입고 무대에 올라갑니다. 그렇게 무대에 올라가 모든 에너지를 쏟아낸 후 자신을 휘감던 에너지는 사라지고 다시 거울 앞에 앉아 나인 듯 내가 아닌 두꺼운 화장을 지우고 그 안에 감춰져 있던 자신의 얼굴을 마주합니다. 이 모습은 옐로우가 가지고 있는 한 면을 보여줍니다. 무대 위에서는 항상 한 치의 실수도 용납되지 않는 완벽한 모습만을 보여야 하며 그래서 내 감정 상태가 어떻든 간에 주어진 역할에 맞는 감정과 표정을 소화해내야 합니다.

언젠가 대중 앞에서 강의하는 친구를 만난 적이 있습니다. 그 친구는 외모도 훤칠할 뿐만 아니라 유머도 많고 갖고 있는 재능과 끼가 많아 항상 주변에 사람이 따르는 친구였고 남부러울 것이 없는 친구였습니다. 저는 그 친구를 보면서 '참 완벽한 아이구나'라고 생각했죠. 그런데 어느 날은 한번 자기가 무대에 올랐을 때 어떤 청중의 반응을 이야기하며 좀 과하다 싶을 정도로 신경을 쓰더라고요. 내가 했던 말 중에 틀린 내용이 있었는지, 내 모습 중에 이상한 게 있었는지, 그 사람이 왜 그런 표정으로 나를 쳐다보고 있을까, 그리고 강연이 끝난 후 그들이 강의에 남긴 의견을 일일이 읽어 본다고 했습니다.

저는 그 친구의 그런 모습이 어떤 컬러에서 나오는 것인지 궁금해서 컬러를 선택하게 했고 그 친구는 옐로우를 선택하더군요. 저는 그때 알았답니다. 이 친구가 겉으로는 당당해 보여도 그 밝음 밑에는 두려움이 가득하다는 것을요. 내가 누리는 이 인기가 언제 없어질까, 사람들이 나에 대해 뒤에서 뭐라고 할까, 앞에서는 좋아하더라도 뒤에서는 다른 이야기를 하지는 않을까 등으로 말이죠. 그래서 물었습니다. 가지고 있는 두려움이 있느냐고. 그랬더니 그 친구는 조심스럽게 이야기를 꺼내더군요. 지난 어느 날 강연을 망친 적이 있었다고요. 매번 하던 내용이라 별 부담 없이 무대에 올랐는데 자기가 생각했던 대상과 달랐고 그들의 표정이 여느 때와는 다르다는 걸 느꼈는데 아니나 다를까 끝나고 난 뒤 청중들의 반응이 상당히 좋지 않았다는 연락을 받았다고요. 그냥 해도 반응이 좋을 때라 너무 자만한 탓에 그런 일을 겪고 나니 청중이 많든 적든 모든 강연에 설 때마다 그때 그 일이 자꾸 생각나서 그러는 거라고요. 저는 그 이야기를 들으며 그 친구가 참 솔직하다는 생각이 들었습니다. 그런 일을 경험하면 창피하다 생각하고, 남들에게 이야기하기가 쉽지 않은데 말입니다.

이는 꼭 강연을 하는 이들만의 이야기는 아닙니다. 우리의 일상에서도 이런 일들은 있습니다. 옐로우는 매사에 완벽한 모습으로 보이고 싶어 합니다. 가정에서는 아버지, 가장, 남편으로서 세워놓은 자신의 이상적인 모습이 있으며 직장에서는 상사, 동료, 아랫사람으로서 자신이 꿈꾸는 완벽한 모습이 있습니다. 그 모습을 보여주기 위해 자신의 스트레스는 신경 쓰지 않고 노심초사하며 매사에 완벽을 기하려 합니다. 직장에서도, 가정에서도, 친구들에게도 완벽해 보이고 싶은 이들입니다. 조금 실수해도, 조금 느슨하다고 해서 우리가 좋아하는 그들이 없어지는 것이 아닌데도 말입니다.

오래전 교육생으로 만난 친구가 있었습니다. 쉬는 시간에 컬러에 대해 궁금하다고 찾아왔기에 선택해보라고 했죠. 그 친구 또한 옐로우를 선택한 경우였습니다.

옐로우는 지성의 컬러이기에 "배우는 걸 좋아하나 봐요?"라고 물었고 그는 석사 과정 중이고 석사가 끝나는 대로 박사까지 하고 싶다고 하더군요. 그런데 그 친구는 공부가 좋아서라기보다는 어떤 강박 같은 것이 느껴져 이야기하다 보니 그 친구를 공부에 몰두하게 했던 이유를 알게 됐습니다. 학창시절 공부를 잘하던 학교 짱에게 괴롭힘을 당한 경험이 있던 그 친구는 '내가 저 친구보다 공부를 더 잘하면 더 이상 나를 괴롭히지 못하겠지'라고 생각하고 공부에 매진했다고 합니다. 자기를 괴롭히던 그 친구는 공부를 잘하기 때문에 주위에 그를 따르는 친구 무리들이 있었고 선생님들에게도 신뢰를 얻고 학교에서 파워가 있다고 생각했기 때문이죠. 여러 학위를 따려는 행동이 누군가를 이기기 위해, 부족한 무엇인가를 채우기 위해 하는 것이 아니라 배우는 것 자체가 재미있어서 하는 거라면 좋을 텐데 말이죠.

무엇인가에 대한 과한 현상은 두려움에서 기인하기도 합니다. 소중한 것에 대한 간절함이 커지는 만큼 그걸 잃어버릴까 봐 두려움도 함께 커짐을 기억하시기 바랍니다. 내가 가지고 있는 이 모든 것들이 진정 그리도 중요한 것들인가를 잠시 생각해보세요.

우스운 이야기 하나 해드리면 몇 년 전 북한에서 미사일을 발사하면서 곧 전쟁이 일어날 것처럼 분위기가 꽤나 불안정했던 때가 있었습니다. 저는 생존에 대한 불안함이 커서 별의별 생각을 다했었죠. 만약 전쟁이 나기라도 한다면 난 어떻게 해야 하나, 피난을 가야 한다면 뭘 가지고 가야 하나, 정말 쓸데없는 생각들이었죠. 요즘 같은 시대에 전쟁이 나면 피난 갈 시간조차 없이 한순간에 끝날 텐데 그런 생각을 했다는 것 자체가 참 우습습니다. 그러던 어느 날 미국 시민권자인 지인에게 문자가 왔다고 했습니다. 미국 대사관에서 미국 시민에게 보내는 문자였는데 한국에서 전쟁이 날 시 오산 비행장으로 집결하라는 문자였습니다. 그런 이야기를 들으니 당장이라도 전쟁이 날 것 같아 만약의 사태에 대비해 무엇인가를 미리 챙겨 놓으려 주위를 둘러보던 순간, 허탈함에 모든 게 정지가 되더군요. 막상 저에게 중요한 것들을 떠올려보니 제가 평소에 애지중지하던 것들은 막상 전쟁터에서 그다지 필요한 것들이 아니었습니다. 아니 더 솔직히 이야기하면 전쟁터에선 애물단지밖에 되지 않는 것들이었습니다. 그 순간 알았죠. 내가 중요하다고 생각하는 것들이 정말 중요한 것들인지를요. 물론 다시 생각해봐도 그것들이 중요한 것일 수 있습니다. 하지만 상황이 바뀌면 그 중요도도 바뀌기 마련입니다. '죽을 때는 아무것도 가져갈 수 없다'라는 옛말처럼요. 그걸 한번 느끼고 나니 물건이나 여러 가지 것들에 대한 집착과 애착들이 많이 사라졌죠. 쓸데없는 생각이 참 괜찮은 것을 깨우치게 해줬던 경험이었습니다. 우리가 지키려 애쓰는 것들이 정말 그렇게 중요한 것들일까요?

Yellow - 이럴 때 눈에 띄고 우리에게 도움을 줍니다

66

- 내 것을 지키기 위해 신경이 날카로워졌을 때
- 삶 속에서 기쁨이 사라졌을 때
- 완벽함 속에 스스로를 가둘 때
- 삶의 기쁨을 되찾고 싶을 때
- 존재감과 자신감을 찾고 싶을 때
- 자신의 실수를 받아들이지 못할 때
- 가면을 벗고 진정한 나의 모습을 보여주고자 할 때

99

옐로우를 위한 조언

Yellow

옐로우의 사람들은 위트와 당당함으로 자기를 무장합니다. 배움 없이 시간을 허비하는 것을 좋아하지 않으며 항상 어제보다 더 발전하는 자기가 되기 위해 시간을 쪼개어 배움에 투자합니다. 학력을 올리고 자격증을 업데이트하며 자신의 커리어를 완벽하게 채워 나갑니다. 제가 만난 사람 중에는 보유하고 있는 자격증이 30여 개가 넘는 이도 있었습니다. 물론 그 모습이 과연 건강한가라는 질문에는 답을 할 수 없지만요. 배움을 좋아하기에 언제나 정보력이 앞서고 아는 것이 많기에 그의 정보를 필요로 하는 이들로 항상 북적입니다.

옐로우가 균형을 유지하고 있을 때는 밝은 에너지로 주변을 밝히는 존재입니다. 그가 퇴근하고 집에 들어섰을 때 가족이 그를 좋아하고 모임에 그가 나타날 때는 그의 얼굴을 보는 것만으로도 친구들의 얼굴에 웃음부터 흘러나옵니다. 존경받는 자리에 있지 않아도, 가진 것이 많지 않아도, 막강한 파워가 있지 않더라도, 그저 본래의 자기 그대로 존재하기에 자연스러운 당당함과 자신감이 분출됩니다. 스스로 기쁘고 행복하기에 그를 보는 것만으로도 세상 시름을 잊고 밝은 에너지로 충전 받을 수 있기 때문에 그들은 주변인들에게 선물 같은 존재입니다.

하지만 균형이 깨진 옐로우는 자신의 파워를 키우고 목표를 달성하는 것에만 치중해 주변인을 자신의 목적 달성을 위해 필요한 수단으로 보는 경향이 있습니다. 일이 너무 고되고 힘들어서 쉼이 필요하다고 외치면서도 주말까지 반납하며 무엇인가를 계속 배우는 것을 멈추지 못하며, 배우지 않고 쉬고 있을 때가 불안하다고 느껴진다면 여러분은 자각해야 합니다. 내가 무엇 때문에 이리도 쉴 새 없이 달리고 있는지, 무엇을 회피하려고 이리도 자신을 몰아세우고 있는지 스스로에게 질문을 던져 보아야 합니다. 그것을 이루는 것이 진정 내가 원하는 것인지 진정 나에게 가치가 있는 일인지 말입니다

반면 스스로에게 너무 자신감이 넘친 나머지 자신감이 자만심이 되는 것 또한 주의해야 합니다. 무대에서 받는 환호에 중독되어 그것을 자기의 힘과 권력으로 이용해서는 안 되며 항상 깨어 있어

야 합니다. 자신감이 자만이 되는 순간, 물론 스스로는 그것을 감지하지 못하지만 그 순간에 무너지는 경우들이 아주 많습니다. 유명세를 얻은 이들이 한순간 잘못된 언행과 선택으로 받았던 환호만큼 질책에 시달리는 경우도 이에 해당되는 경우라고 할 수 있죠. 그래서 항상 주의 깊게 깨어 있어야 합니다. 무엇인가 느슨해질 때 주의하라는 신호가 필요하듯 옐로우는 우리에게 자신감과 자만심 사이에 주의해야 할 때 나타나는 컬러이기도 합니다.

사람들은 모두 제각각 자신의 기준을 세워놓고 그 기준대로 누군가를 판단하며 좋다 싫다를 이야기하고 그 기준대로 누군가의 결과물에 대해 자신의 생각을 가차 없이 이야기합니다. 내 생각과는 다른 타인의 피드백에 자존감이 흔들릴 때(물론 강한 멘탈을 가지고 있는 이들은 그러한 피드백 한 줄에 어찌 자존감이 흔들릴 수 있느냐 말할 수 있겠지만) 옐로우가 우리에게 도움을 줍니다.

중요한 일을 앞두고 자신감이 필요할 때, 내 일상에 즐거움이 필요할 때도 옐로우는 도움이 됩니다. 여러 말들로 당신을 흔드는 누군가가 있다면 '당신이 뭐라 이야기하든 그것은 당신의 생각이고 당신의 논리입니다. 나는 이대로 존중받기 충분한 그대로의 나입니다'라고 속삭여 보세요.

나 스스로 자신에 대해 당당해질 때 다른 사람들도 나를 당당하게 볼 수 있습니다. 남과 비교하며 내가 가지지 못한 것을 갖고 있는 그를 부러워하며 나를 자책하거나 남이 가지고 있지 않은 것을 가지고 있는 나를 우위에 놓고 뿌듯해하는 생각 자체를 내려놓으세요.

당신의 행복과 불행은 남과 비교 대상이 아닙니다. 판단과 억압으로부터 자신을 자유롭게 두세요. 어렸을 때처럼 순수한 빛이 당신으로부터 쏟아져 나오도록 허용하세요. 당신이 그러기로 결정만 한다면 지금 당장 그 모습으로 될 수 있습니다.

Yellow

감정 마주하기

옐로우의 스토리를 함께 알아봤는데 느낌이 어떠신가요? 물론 이 책에 적힌 이야기만이 옐로우의 전부가 아닙니다. 아주 많은 이야기들이 있지요. 그중 몇 가지만 알아본 것입니다. 그럼에도 불구하고 요즘 느끼고 있는 감정과 비슷한 부분이 있으셨나요? 또는 요즘의 일과 감정은 아니지만 여태까지 살아온 중에 잊고 있었던 기억이 떠오르시지는 않았나요?

몇 개의 이야기 중 하나의 이야기에 공감하셨을 수도 있고 여러 이야기 중 부분 부분에 공감하셨을 수도 있습니다. 그것 또한 당연하고 자연스러운 반응입니다. 만약 어떤 부분이든 공감 가는 내용이 있었다면 그 이야기들을 해주시겠습니까?

자, 그러면 지금부터는 여러분의 이야기를 들어 볼까요?

어떤 중년의 남성분은 옐로우의 '두려움'이라는 메시지에 공감하셨는데요. 자신은 남들이 보기에는 다 이룬 것처럼 완벽한 사람으로 보이는데 스스로는 참 많이 두렵다고 하셨습니다. 이것들이 언제 사라져버릴지, 사람들이 언제 나의 진실을 알게 될지, 그래서 아무것도 아닌 나를 알고 실망하고 돌아설지… 이렇듯 누군가에게, 또는 스스로 이야기하다 보면 알게 되는 것들이 있습니다. 여러분들도 한번 적어 보세요.

아무 형식 없이 적고 싶거나 떠오르는 기억, 감정들을 자유롭게 써내려가는 시간입니다. 말이 안 되더라도 괜찮습니다. 누구에게 보여줄 것도 아니에요. 그저 오래 묵혀 두었던 또는 누군가에게 털어놓기에는 좀 애매했던 나의 이야기를 스스로에게 들려주는 시간이랍니다. 자유롭게 써내려가다 보면 또 알게 되는 부분이 있을 거예요. 그럼 여러분의 감정을 적어 볼까요? 그리고 혹 적는 것보다 이야기하는 게 더 편하신 분들은 다음 형식을 토대로 나의 이야기를 털어 놓을 수 있는 친구에게 이야기하는 시간을 가져도 좋습니다.

(샘플 단어/문장)

자신감.
나의 자신감은 어디에서 오는 것인가?
두려움.

생각나는 것들을 다 적으셨나요?

그럼 잠시 차 한 잔을 드시거나 노래 한 곡을 들으며 생각을 전환하는 시간을 갖겠습니다.

이제 다시 한번 여러분이 적은 단어나 문장들을 보겠습니다. 단, 나의 감정과 분리해 내가 모르는 제3자가 적은 것처럼 읽어 볼까요?

어떤 단어들이 적혀 있나요? 이 단어들을 적은 사람은 옐로우의 어떤 에너지에 몰입이 되어 있는 것 같습니까? 그에게 필요한 것은 무엇이라고 느껴지시나요?

그럼 지금의 당신에게 필요한 것은 무엇일까요?

내가 나에게 주는 위로

실수해도 괜찮아.

옐로우를 위한 한마디

Yellow

여러분이 옐로우를 경험하고 있다면 필요할 때마다 다음 글들을 마음속으로 따라 해보세요. 다음 문구 중 가장 와 닿는 글귀를 아침에 일어나서, 그리고 하루를 마감하기 전에 가슴에 두 손을 얹고 스스로에게 이야기해주세요. 그리고 여러분은 옐로우 에너지 경험이 끝났더라도 주변 누군가가 옐로우 에너지를 겪고 있다고 생각되면 조용히 그들에게 이런 말들을 전해줘도 좋습니다. 당신의 사소한 한마디가 그에게는 절실히 필요한 말일 수도 있거든요.

너에게서는 항상 빛이 나.
모두 너와 친해지길 원해.
너는 완벽한 엄마, 아빠, 아들, 딸이야.
너는 잘 해낼 수 있어. 믿어 의심치 않아.
너라서 가능했어.
실수해도 괜찮아. 한 번씩 무너져도 괜찮아.
누구도 너를 비난하지 않아.
너는 존재 자체야. 그것으로 충분해.

옐로우를 위한 글

내가 없어지고
기쁨이 사라지고
하늘과 땅이 맞닿아버린 것만 같아
그 어떤 것도 위로가 되지 않을 때
세상에 나 혼자인 듯할 때
그럴 때
먹구름 뒤에는
항상 맑은 하늘이
있음을 기억하길…
이 모든 것이
나를 흔들 수 없음을…
내가 사라지는 것이 아님을….

Part 6.

로열블루

Royal blue

은은하지만 어둠 가운데
길을 비추어주는 깊은 밤 달빛처럼
우리에게 다가오는 컬러입니다.
자신을 드러내지는 않지만
결코 가볍지 않은 존재감을 발휘하는
이들의 컬러입니다.

로열블루가
당신의 눈에 띈다면

Royal blue

'동트기 전이 가장 어둡다'고 합니다. 여러분은 요즘 인생에서 끝날 것 같지 않은 길고 긴 터널을 지나고 있는 기분이신가요? 고된 하루를 끝내고 집에 오는 길에 당신도 모르게 무심코 하늘을 올려다봤습니까? 또는 모든 사람들이 잠든 깊은 밤, 가고자 하는 목적지, 가야 하는 목적지도 없이 자동차 창문을 열고 온몸으로 차가운 바람을 받아내며 달리고 있지는 않습니까? 발길 닿는 대로 달려 도착한 이름 모를 바닷가에서 수심을 예측하기도 힘든 깊고 푸른 바다를 하염없이 보고 있지는 않습니까? 로열블루는 달리는 차도, 다니는 사람도, 날아다니는 새들도, 모든 것들이 잠들어 숨소리조차 들리지 않는 고요한 밤의 컬러입니다.

잠자리에 몸을 뉘여 보지만 잠들지 않는 밤, 그리고 잠깐 잠든 사이 무서운 형상을 한 괴물이 쫓아오는 꿈에서 깨 사방을 둘러보며 꿈이었음을 실감하던 어린 시절이 있었습니다. 할 수 있는 거라곤 이불을 꼭 쥐고 두려운 마음을 티내지 않는 것밖에 없었죠. 시간이 순간처럼 흐르기를 바라며 눈을 감았다 뜨기를 반복하면 어느새 아침이었습니다. 밖에서 들리는 자동차 소리, 옆에서 같이 자던 언니가 부스럭거리는 소리, 나를 깨우는 엄마의 소리가 들려오길 바라던 길고 긴 겨울밤 같은 컬러가 로열블루입니다.

깊고 무거운 진동을 가지고 있는 로열블루가 여러분의 눈에 들어왔다면 어쩌면 여러분은 여러분의 인생에서 겨울밤처럼 길고 긴 시간을 보내고 있을 수도 있습니다. 쫙 뻗은 고속도로를 달리는 것처럼 잘 달려오던 당신의 인생에 갑자기 뚝 끊긴 도로 앞에서 급정거를 밟아야 하는 것처럼 아무것도 예측할 수가 없고 한 발짝도 앞으로 내디딜 수 없는 그런 막막함이 찾아와 있을지도 모릅니다.

벌어진 상황이 너무도 버거워 쉬이 일어나지지도 않는 상태일수도 있습니다. 그러다 조그마한 샛길을 발견해 그리 가보지만 막상 가본 그곳은 또 다른 낭떠러지였음을 알고 또 주저앉게 됩니다. 그대로 포기할 수 없어 또 일어서고 다시 일어서지만 세상은 나에게 그다지 호의적이지 않기로 결심이라도 한 듯 나를 몰아세웁니다. '이대로 끝인 건가, 더 이상의 희망은 없는 것인가?'라는 생각이 들 때 로열블루는 당신에게 이야기합니다. '이제 거의 다 왔어.

조금만 더 힘을 내. 동트기 직전이 가장 어두운 거야'라고 말입니다. 당신에게 새로운 내일이 열릴 거라고 이야기하는 컬러가 로열블루입니다. 당신이 어떤 길을 걸어왔고 무엇을 알아야 하는지 지금부터 함께 알아볼까요?

길고 긴 밤을 지나 지혜와 통찰로 향하는 로열블루

Royal blue

청명한 어느 날 새벽… 밤하늘을 올려다보면 로열블루의 하늘이 있습니다. 무거움이 내 머리를 짓누르는 것 같은 느낌이다가도 무엇인가 표현할 수 없는 경이로움에 절로 숙연해지는 기분…. '저 하늘 너머 우주 끝에는 무엇이 있을까?'라는 생각을 하게 했던 그 하늘….

로열블루는 멈추지 않는 생각을 거듭하며 자기만의 세상을 만들고 있습니다. 그런 그들을 독특하다고 표현하는 이들 때문에 로열블루들은 사람들 사이에서 이방인 같은 느낌으로 더욱더 자기 세상 안에 스스로를 고립시킵니다. 소수이기에 이방인 취급을 받는 그들에게는 오히려 다른 컬러의 사람들이 이방인일 텐데 말이죠.

그들은 자기가 이상한 것인지 묻습니다. 하지만 우리 모두 잠시 머물다 가는 이곳에서 서로가 서로에게 이상한 존재이지 않을까요? 우리 모두 각자가 선택한 자신의 삶을 자신의 속도와 방식으로 살아가다가 시간과 인연의 일치로 잠시 서로에게 머물다 가는 삶이 아니겠어요? 우리가 지금 이 순간, 이 시간을 함께하는 것도 세월이 지나 돌이켜 보면 가장 적절한 시간에 만난 것이었음을 알게 될 때가 있으니까요.

자기도 모르게 느껴지는 많은 것들에 스스로 무뎌짐을 선택한 로열블루…. 로열블루의 많은 잠재력이 그렇게 생각 속에 묻혀 무기력으로 남아 있던 누군가의 눈빛이 생각납니다.

신비한 우주의 컬러 로열블루

칼 세이건(Cal Sagan)은 《창백한 푸른 점》에서 사진에 대한 소감을 다음과 같이 밝혔습니다. 멀리 떨어져서 보는 지구는 특별할 것 없는 하나의 점에 지나지 않지만 세상에 존재했던 모든 사람들의 인생이 있는 우리의 집이라 했습니다. 기쁨과 고통이 존재하고, 영웅과 비겁자, 발명가와 탐험가, 왕과 농부, 슈퍼스타와 위대한 영도자, 성자와 죄인 등 수많은 사람들이 이 먼지 같은 작은 점 위에 살고 있습니다. 그 작은 점 위에서 스치듯 지나가는 영광을 위해 몸부림치고, 스스로를 중요하다 믿으며 우주에서 특별한 위치를 차지하고 있다는 생각들을 하면서 살고 있지만 저 사진을 보면 그 것들이 망상에 불과하다는 것을 느끼게 합니다. 우리가 사는 지구는 거대한 우주의 암흑 속에 있는 외로운 하나의 점입니다. 그 광대한 우주 속에서 우리가 얼마나 보잘것없는 존재인지를 알고 우리에게 주어진 이 유일한 삶의 터전인 저 창백한 푸른 점을 아끼고 보존해야 한다는 책임감을 느끼길 바랍니다.

창백한 푸른 점(Pale Blue Dot)　　　　　　　　　　　　　　출처 : 위키백과

* 1990년 2월 14일 보이저 1호가 촬영했습니다. 인간이 만든 것 중에서 가장 먼 거리를 이동한 보이저 1호는 1977년 9월 5일에 지구를 떠나 지금까지 40년이 넘게 우주를 떠다니고 있습니다. 그리고 태양계를 벗어나면서 사진 한 장을 전송해 보내줍니다. '창백한 푸른 점'은 가장 멀리서 바라본 우리가 사는 지구의 모습입니다.

이 글에서 어떤 것이 느껴지시나요? 무엇인가 중요한 메시지인 것 같지만, 그 의미가 선명하게 그려지지는 않으신가요? 희미하지만 묵직한 이야기, 로열블루가 항상 느끼는 감정들입니다. 어디로부터 많은 정보가 오는 것 같지만 그것이 어디에서 오는 것인지, 어떤 의미인지, 정확하지 않은 신호를 해석해야 하는 기분이랄까요.

우주에서 보면 지구는 먼지보다 작은 점에 불과합니다. 멀어졌던 거리를 조금씩 조금씩 줄여나가 점점 지구에 가까워져 그 안에서 하루하루를 바삐 살아가는 사람들의 일상을 들여다보면 그 무엇 하나 허투루 지나칠 것이 없는 소중한 존재들이고 소중한 순간들임을 알게 됩니다.

영화 〈그래비티(Gravity)〉를 보셨나요? 이 영화를 보고 나면 로열블루를 그대로 경험한 듯한 느낌을 받습니다. 미지의 세계를 알기 위해 우주로 향하지만 그 우주는 인간에게 자신을 그리 호락호락하게 내어주지 않습니다. 주인공인 산드라 블록(Sandra Bullock)이 기압도, 산소도 없는 우주에 홀로 남겨진 채 자신을 보호해줄 우주선과 모든 것들로부터 점점 멀어져가는 장면이 있습니다. 지구에서와는 달리 중력이 없는 우주에서는 마음대로 움직일 수조차 없습니다. 끝도 없는 어둠의 공간, 내가 멈추고 싶다고 해서 멈출 수도 없고 한없이 부유하는 날 잡아줄 그 무엇도 없는 이 멈추지 않는 시간을 메워줄 그 누군가도 없이 그저 광활한 어둠의 공중을 부유할 뿐입니다. 이 광활한 우주 속에 혼자 남는다는 지독한 고독과 두려움은 곧 사람에 대한 그리움과 감사함으로 바뀌게 됩니다. 나를 지겹게만 하던 사람들, 내 발목을 잡고 내가 앞으로 나아가는 것을 막기라도 하는 듯 일어나는 일들, 그런 일상들로 채워지던 나의 삶들이 하나둘 스쳐 지나가며 내 옆에 있던 사람과 관계에 대한 감사함, 지구에서의 모든 일들과 순간들을 그립게 만드는 영화였습니다.

칼 세이건은 그의 다른 책 《코스모스》에서 우주를 이해하기에는 누군가 자신의 일생을 통으로 바친다 해도 한 사람의 생애로는 턱없이 부족하다고 했습니다. 우주는 풀리지 않는 신비로움을 간직하고 있는 존재입니다. 로열블루는 마치 우주와 같습니다.

여러분도 우주에서 지구를 내려다보는 듯한 관점으로 지금 겪고 있는 문제들을 바라보면 어떨까요? 그러다 보면 어느 순간 이 지구, 내가 살고 있는 이곳, 내 옆에 있는 이들에 대한 고마움이 절실해지는 것처럼, 번뜩이는 해결점이 보일지도 모를 테니까요.

마음을 치유하는 컬러 테라피

몽상과 무기력의 사이

눈동자가 유난히도 동그랗고 컸던 한 아이가 있었습니다. 그 아이는 어릴 때부터 밤하늘이 궁금했습니다. 저 하늘의 끝은 어떻게 생겼을까? 우리 세상을 하나님이 지켜보신다는데 우리가 TV를 보듯 하나님도 그렇게 우리를 내려다보고 계실까? 그럼 이 하늘의 끝은 하나님의 TV 속인가? 그럼 하나님이 사는 그 세상에도 하늘이 있을 텐데 그 하늘의 끝은 또 어떻게 생겼을까? 풀리지도 않고 알 수도 없는 질문들을 스스로에게 계속 던졌답니다.

그 아이는 밤에 잠을 자기 위해 눈을 감아도 그 눈 뒤에 또 다른 눈이 있는 것 같았습니다. 마치 이중 문처럼요. 분명히 방 안은 깜깜하고 눈은 감았지만 또 다른 감기지 않는 눈은 그때부터 무언가를 보기 위해 더 활발히 움직였죠. 그리고 그 눈이 활동을 멈추고 감기는 순간, 아이는 잠들었습니다. 꿈속에서 재미있게 놀기도 하고 유니콘을 보기도 하고 누군가와 공부를 하기도 하다가 꿈에서 깰 때면 항상 공중에서 몸이 내려와 방바닥에 가까워질 때 쿵 하고 떨어지며 깼죠. 그런 날이면 항상 엉덩이에 멍이 들어 있었고요. 그런 이야기를 누군가에게 하면 진지하게 들어주는 이 하나 없이 그저 이상한 이야기라 생각하고 흘려듣기 일쑤였습니다.

또래 아이들과 같지 않은 특별함, 또는 유별남이 있었죠. 그 나이대 친구들이 노는 것에 그 아이는 별 관심이 없었습니다. 사람들을 꿰뚫는 듯 관찰하고 대화 중에 어떤 말을 던질 때면 주변의 어른들은 그 아이가 무엇인가를 다 알고 이야기하는 듯한 느낌을 받았다고 합니다. 아이치곤 꽤 심오한 생각과 질문들을 하며 혼자 골똘히 생각에 빠지는 시간이 많고 아름다운 것들을 음미하는 아이였습니다. 표정이 다양하지도 표현이 많지도 않았지만 그 아이가 던지는 메시지는 명료했습니다. 친구들과 이야기하는 것은 재미가 없고 학교 공부도 썩 즐겁지 않았지만 해야 하는 것이기에 무료하게 시간을 보내다가 그렇게 어른이 됐습니다.

어른이 되어서도 그다지 많이 달라지지는 않았습니다. 대부분의 사람들이 그러하듯 친구들과 여행을 가는 것, 명품을 사 모으는 것, 직장에서 승진하는 것도 그다지 흥미가 생기지 않았습니다. 그렇다고 전혀 하지 않은 것은 아닙니다. 하지 않으니까 흥미가 생기

지 않는 거라는 친구들의 말에 이것저것 시도는 많이 해봤지만 그
것들이 진정 기쁨과 만족을 주지는 않았습니다. 어느 영화에서처
럼 사람이 죽은 후 일곱 개의 지옥 관문을 거치며 심판을 받게 된
다면 본인은 필히 나태 지옥을 통과하지 못할 거라고 할 정도로 보
통 사람들보다 극히 적은 활동만을 하는 이었습니다.

　하지만 그러던 그도 불도저처럼 돌진해 가는 때가 있었고 아무
흥미도 없던 그가 눈을 반짝이며 질문을 쏟아내는 때가 있었는데
그것은 바로 인생의 진리, 신비로운 사실 등과 같은 분야를 접했을
때였습니다. 지구 온난화, 점점 녹아가는 빙하, 넘쳐나는 지구의
쓰레기, 흉악해지는 범죄와 정도를 넘어서는 듯한 인간의 사악함,
그에 맞서기라도 하듯 자신을 헌신, 희생하며 선(善)을 지키고자 애
쓰는 사람들, 뛰어난 예술성을 지닌 이들을 만나면 한없이 존경하
고 그들의 심미안을 부러워했습니다.

　그래서인지 그를 만난 누군가는 그를 '구도자'라고 칭했고 그는
그 말이 싫지 않았습니다. '사람이 진리를 깨닫는 것 외에 더 중요
한 게 뭐가 있겠는가?'라고 생각하는 그였거든요. '과연 이 생을 마
감하기 전까지 진리를 깨우칠 수 있기는 한 걸까?'라는 의문을 항
상 가지고 있는 그였습니다.

　이런 모습들이 어찌 보면 몽상가로 비춰질 수 있지만 이해 못 하
는 이들에겐 삶을 허비하는 사람, 모든 일에 무기력해 보이는 사람
으로 비춰지기도 합니다. 하지만 스스로 인생에 대한 끈을 놓지만

않는다면 그들은 자신의 방식대로 소신껏 삶을 살아가고 있는 사람들이랍니다. 다만 어둠에 내 별이 묻히지 않도록 스스로 빛을 발산하는 걸 게을리하지만 않는다면 말입니다.

어둠을 헤치고 나아가는 작은 불빛

예전에 어떤 공연에 참석한 적이 있었습니다. 어떤 공연인지 아무 정보도 없이 가게 된 공연이었습니다. 단지 공연 스태프로부터 무슨 요일, 몇 시에, 어디에서 보자는 문자를 받고 간 것이 전부였죠.

만나기로 한 장소에 있다 보니 누군가가 다가와 마치 007작전처럼 공연에 온 사람이 맞느냐고 묻더니 이내 저에게 안대를 주면서 쓰라고 하는 것이었습니다. 그의 지시대로 안대를 쓴 후 나의 모든 시각적인 정보를 차단한 채 그의 인도에 따라가다 보니 어느덧 공연장에 입장하게 됐습니다. 설렘 반, 긴장 반, 그리고 어둠 속에서 뒤처지지 않으려 모든 신경을 곤두세우다 보니 공연 시작도 전에 저는 이미 지친 상태가 됐습니다.

공연장 역시 안대는 그대로 유지하는 것이었으며 느낌상으로 밖보다 어두움이 더 가득한 곳이었습니다. 그 어떤 빛도 없이 오로지 어둠만이 존재했으며 그 어둠 속에서 나는 누군가의 멘트에 따라 행동해야 하는 참여 공연이었죠. 어떤 시나리오도 없으며 우리 앞에서 연기하는 배우도 없었습니다. 내가 곧 배우였고 우리에게 어떻게 하라는 지시를 내리는 누군가의 말을 따라 한 발 한 발 내딛는 내 마음속에는 많은 생각과 두려움, 의심이 가득했습니다.

'이렇게 어둠 속에서 바보처럼 움직이는 나를 다른 사람들이 웃으면서 보고 있는 것은 아닐까? 나는 이대로 자유롭게 움직여도 되는 걸까? 아니면 그들의 예상 시나리오가 있을까? 이것은 공연이 아니라 어떠한 것을 알고자 하는 실험인가? 나는 실험 대상자로 나의 무엇인가를 여실히 보여주고 있는 것일까?' 등의 생각들로 제 머리는 바쁘게 돌아가고 있었습니다. 어둠 속에서 길을 찾지 못하고 오로지 자신의 감각만으로 움직이는 나와 같은 사람들이 몇몇 더 있었고 그렇게 우리는 자신의 통제를 벗어난 상황에서 어쩔 수 없이 서로 몸이 부딪히게 되는 상황들이 발생했습니다. 그런 모든 것들이 힘들고 불쾌해 중간에 공연을 포기하고 나간 사람들도 있었다고 합니다(물론 공연 중에 우리는 알 수 없었지만요).

짙은 어둠에서는 눈을 아무리 크게 뜨고 보려고 해도 아무것도 볼 수가 없고 오히려 보려고 노력할수록 짙은 어둠에 두려움만 커져갔습니다. 부딪히는 상황이 반복될수록 저는 더 예민해지고 움츠려 들어 움직이지도 못하고 그 자리에 서 있는 반면, 음성도 들을 수 없고 표정도 볼 수 없으나 어둠 속에서 상대를 배려하는 부드러움과 젠틀함을 느낄 수 있는 이들이 있었습니다. 반면 저보다 더 경직되어 잠깐의 스침에도 거칠게 뿌리치는 이들도 있었죠.

그리고 그 순간 저는 어둠 속에 있는 나와 그들을 통해 정확하게 저를 볼 수 있었습니다. 평상시 제가 삶을 대하는 태도와 저의 성격을 그대로 볼 수 있었죠. 어둠 속에서 더 선명히 볼 수 있다는 것을 아는 순간이었습니다. 그리고 그 어둠을 즐기기 시작했습니다. 나를 옭아매고 있던 것들로부터 자유해지기 시작했습니다.

이 공연처럼 우리는 누구나 인생에서 한 줄기 빛도 없는 긴 어둠의 터널을 지나는 순간들을 경험합니다. 그리고 그 어둠 속에서 두려움에 발길을 멈추고 그 자리에 얼어버리는 사람들이 있습니다. 어둠에 빛을 잃어버리는 이들이 있고, 너무 오래 지속되는 어둠의 시간들로 포기해버리는 이들도 있습니다.

하지만 로열블루는 어둠에 멈추지 말고 자신의 감각을 믿어 보라고 이야기합니다. 자신이 갖고 있는 느낌을, 직감을 믿어 보라고 이야기합니다. 그러면 옅은 불빛이 새어 나오고 그 옅은 불빛을 벗 삼아 한 발 한 발 나아갈 수 있게 응원해줍니다. 그렇게 한 발 한 발 나아가다 보면 어느새 터널의 끝에 다다르는 순간이 있음을 알게 되고 그 끝에서 마주한 빛은 당신이 경험한 어둠의 깊이만큼 찬란하다는 것을 알게 될 것입니다. 마치 기나긴 터널을 지나 밖으로 나올 때 눈이 부셔서 아무것도 보이지 않는 찰나의 순간처럼 말입니다.

삶 속에서 깊은 통찰력과 지혜로 다음 단계로의 성장이 필요할 때 로열블루가 여러분에게 도움이 될 것입니다. 복잡함 속에서 우리가 놓치고 있는 중요한 것들을 일깨우게 도와줄 것입니다. 복잡한 일들로부터 잠시 떨어져 마음의 고요를 경험할 때 우리가 알아야만 하는 모든 것들이 뚜렷하게 보일 것입니다. 생각을 멈추고 잠시 고요를 경험해보십시오. 당신에게 오는 알아차림의 순간을 맞이해보십시오.

Royal blue - 이럴 때 눈에 띄고 우리에게 도움을 줍니다

66

- 인생에서 길고 긴 밤과 같은 시간을 보내고 있을 때
- 이 시간이 끝날 것 같지 않은 두려움이 느껴질 때
- 막막하고 허무함을 느낄 때
- '동트기 직전이 가장 어둡다'라는 말처럼 곧 희망적인 상황이 옴을 느끼고 싶을 때
- 고요 속 통찰이 필요할 때

99

Royal blue

로열블루를 위한 조언

Royal blue

로열블루의 사람들은 자신이 원하든, 원치 않든 간에 자신도 모르게 알게 되는 많은 정보들이 있습니다. 균형 잡힌 로열블루는 그 정보들을 어떻게 사용해야 하는지를 잘 알기에 사람들은 그들을 지혜롭고 통찰력이 있는 사람으로 인식합니다. 그래서 주위에 그를 존경하고 따르는 사람들이 많지요.

하지만 그 많은 정보를 스스로 감당하지 못하는 이들은 그 정보의 양이 너무나 크고 방대해 그것들을 버거워하다가 모른 척하는 것을 택하기도 합니다. 그 버거움은 쏟아져 나오는 정보의 근원에 맞춰져 있는 자신의 안테나를 스스로 꺼버리거나 또는 그 신호를 무시하려고 다른 어떤 것에 몰입합니다. 중독에 가까우리만큼 과한 운동이나 지나친 음주, 진짜 나누고 싶은 이야기가 아닌 의미 없는 우스갯소리로 채우는 시간들, 눈은 초점 없이 흐릿해지고 처리할 수 없는 많은 것들에 스스로 무뎌짐을 선택합니다.

여러분이 요즘 멍한 상태로 그 몽롱함을 유지하고자 힘을 쓰고 있다면 알아차리십시오. 잠시 눈을 감는다고 당신의 무한한 잠재력이 사라지지 않음을요. 너무 크게 느껴져 잠시 두려워 피할 수는 있으나 피한다고 피해지는 것이 아님을 말입니다. 용기란 두려움이 없는 것이 아니라 두려워도 그것을 이겨내고 극복하는 것이라는 마크 트웨인(Mark Twain)의 말처럼 말입니다.

하늘 어딘가에 약한 빛 한 줄기라도 있으면 밤하늘의 빛나는 별들은 모습을 감추고 우리에게 보이지 않습니다. 하지만 하나둘 불빛들이 사라지고 온전히 어둠이 찾아올 때 인공적인 불빛에 자신이 가진 빛을 감추고 있었던 별들이 하나둘 빛을 드러내기 시작합니다. 마치 '우리는 언제나 여기에 있었어'라고 말하는 것처럼 말이죠. 어둠에 집중할수록 빛을 내는 별은 '당신만 준비되어 있다면 우리는 언제든 당신에게 알려줄 수 있어요'라고 이야기하는 듯합니다. 당신이 당신의 무한한 잠재 능력을 마주하고 싶다면 로열블루의 힘을 빌리십시오. 그 컬러는 번뜩이는 통찰력으로 당신의 매 순간에 놀라움을 선사할 것입니다. 더 깊고 성숙한 성장으로 당신을 인도할 것이고 당신의 목소리에 힘을 실어주고 신뢰를 더할 것입니다.

두려움으로 해가 뜨기만을 바라고 있지 말고 남들보다 먼저 깨어나 맑은 마음으로 기도하면서 마음을 깨끗하게 비우고 해가 뜨는 그 순간을 맞이하십시오. 깊은 밤의 분위기에서 새벽으로 바뀌는 그 온도를 느끼십시오. 오늘도 빛을 향해 조금씩 걸어 나오십시오.

마음을 치유하는 컬러 테라피

Royal blue

4

감정 마주하기

Royal blue

지금까지 로열블루가 가지고 있는 메시지들을 살펴봤는데 느낌이 어떠신가요? 요즘 느끼고 있는 감정과 비슷한 부분이 있으신가요? 또는 요즘의 일과 감정은 아니지만 여태까지 살아온 중에 잊고 있었던 기억이 떠오르시지는 않았나요?

컬러는 지금 당장의 느낌을 들여다보게 하기도 하지만 오래 묵혀 두었던 감정들을 해결해야 할 때 그를 알려주기도 합니다. 그래서 컬러는 시간 여행과도 같아요. 어릴 적 헤어진 친구를 만나 그때 하지 못했던 말을 지금 건네는 기분이랄까요? 그 당시에는 내가 너무 어려서 또는 어떻게 해야 할지 몰라서 등 다양한 이유로 보살피지 못하고 지나간 감정들이 있을 것입니다. 당신에게도 만약 떠오르는 기억이 있다면 지금은 그때와는 달리 당신이 그 감정들을 다룰 수 있는 지혜가 생겼다는 이야기입니다.

자, 그러면 지금부터 당신의 이야기를 들어 볼까요?

어떤 형식에 얽매이지 말고 적고 싶거나 떠오르는 기억, 감정들을 자유롭게 써내려가는 시간입니다. 말이 안 되더라도 괜찮습니다. 그저 오래 묵혀 두었던 또는 누군가에게 털어놓기에는 좀 애매했던 나의 이야기를 스스로에게 들려주는 시간이랍니다. 자유롭게 써내려가다 보면 또 알게 되는 부분이 있을 거예요. 그럼 여러분의 감정을 적어 볼까요? 그리고 혹, 적는 것보다 이야기하는 게 더 편하신 분들은 다음 형식을 토대로 나의 이야기를 털어놓을 수 있는 친구에게 이야기하는 시간을 가져도 좋습니다.

(샘플 단어/문장)
고독.
무기력.
어릴 때의 난…
느낌, 직감.
내가 두려운 것.

생각나는 것들을 다 적으셨나요?

그럼 잠시 차 한잔을 드시거나 노래 한 곡을 들으며 생각을 전환하는 시간을 갖겠습니다.

이제 다시 한번 여러분이 적은 단어나 문장들을 보겠습니다. 단, 나의 감정과 분리해 내가 모르는 제3자가 적은 것처럼 읽어 볼까요?

어떤 단어들이 적혀 있나요? 이 단어들을 적은 사람은 로열블루의 어떤 에너지에 몰입이 되어 있는 것 같습니까? 그에게 필요한 것은 무엇이라고 느껴지시나요?

그럼 지금의 당신에게 필요한 것은 무엇일까요?

내가 나에게 주는 위로

이 또한 지나가리라.

로열블루를 위한 한마디

Royal blue

여러분이 로열블루를 경험하고 있다면 필요할 때마다 다음 글들을 마음속으로 따라 해보세요. 다음 문구 중 가장 와 닿는 글귀를 아침에 일어나서, 그리고 하루를 마감하기 전에 가슴에 두 손을 얹고 스스로에게 이야기해주세요. 그리고 여러분은 로열블루 에너지 경험이 끝났더라도 주변 누군가가 로열블루 에너지를 겪고 있다고 생각되면 조용히 그들에게 이런 말들을 전해줘도 좋습니다. 당신의 사소한 한마디가 그에게는 절실히 필요한 말일 수도 있거든요.

너는 특별해.
너의 신기한 일들을 말해봐.
내가 들어줄게.
네가 이상한 게 아니야.
막막한 시간들을 잘 견뎌왔어.
동 트기 직전이 가장 어둡지만
이제 곧 끝날 거야.
네가 인내한 시간이 빛을 발할 거야.

로열블루를 위한 노래

임채범의 〈비상〉이라는 노래의 가사처럼
누구나 한 번쯤은
자기만의 세계로 빠져드는 순간이 있습니다.
상처받는 것보다 혼자를 택한 순간,
고독이 꼭 나쁜 것만은 아님을 느낍니다.

출처 : unsplash.com

Part 7.

레드

Red

열정과 에너지를 가지고
자신의 성공과 목표를 향해
전력 질주하는 컬러입니다.
쉼 없이 달려온 자신에게 마침표가 아닌
쉼표를 허락할 때
더 멀리 갈 수 있음을 이야기해주세요.

레드가
당신의 눈에 띈다면

Red

일상에서 자기도 모르게 사용하는 컬러들을 우연히 알아차리게 되는 상황들이 있습니다. 어떤 여자분은 근래에 옷을 여러 벌 쇼핑했는데 정리를 하고 보니 옷장을 가득 채운 컬러가 레드 계열임을 알아차렸다고 해요. 옷을 구입할 때는 그저 본인에게 잘 어울려서 골랐을 뿐인데 모아놓고 보니 특정 컬러를 무의식적으로 많이 구입했음을 알게 된 경우죠.

그러면 만약 여러분이 레드 컬러에 자꾸 눈길이 간다면 어떤 상태일까요? 가끔 그럴 때 없으신가요? 내가 그리던 멋진 나의 미래를 상상하며 열심히 달려왔지만 어느 순간 내가 가진 열정이 딱 떨어진 느낌, 조금만 더 버티면 될 듯한데 도저히 일어날 힘이 남아 있지 않고 땅으로 꺼지는 듯한 느낌이 들 때, 아픈 것도 아닌데 뭔가 무섭기도 하고 또 실패할까 봐 두려워 한 발도 앞으로 내딛기가 망설여질 때, 그럴 때 레드는 우리에게 도움을 줍니다. 이 상황에서는 실제로 에너지가 없다기보다는 목표한 결과물이 생각처럼 빨리 나오지 않아 두려움이 마음을 사로잡아 열정이 잠시 주춤해지는 상황이라고 할 수 있습니다. 이럴 때 레드는 처음 가졌던 생각, 열정, 기대감에 초점을 맞추도록 도와줍니다. 원래의 마음에 집중함으로써 두려운 마음을 정비하고 다시 일어설 수 있는 새로운 열정을 불러일으키게 도와줍니다. 그래서 레드는 여러분이 무슨 일을 진행할 때에 실패할까 봐 두렵거나 용기가 부족해서 주저할 때 도움을 주는 컬러입니다.

또한 레드는 '힘'의 컬러입니다. 내가 무엇인가 결과물을 도출해 내기 위해 밤낮으로 일에 너무 몰두해 육체의 힘이 떨어졌다면 그때 레드의 도움이 필요합니다. 빨간 옷을 입거나 붉은 음식을 먹음으로써 나에게서 부족한 레드의 에너지를 채울 수 있습니다. 당신이 많은 사람 앞에서 강력한 메시지를 전달해야 하는데 두려움이 생기고 자신이 없다면 레드 넥타이를 한다거나 레드 컬러의 옷을 입는 것처럼 컬러의 도움을 받아 보세요. 강렬한 레드는 당신의 메시지에 힘을 실어주는 데 도움이 될 것입니다.

그러면 지금부터 레드 컬러가 가지고 있는 메시지를 바탕으로 몇 가지의 이야기를 해보겠습니다. 읽으면서 나에게 와 닿는 메시지가 무엇인지 함께 알아보겠습니다.

여유를 잃어버리고 전력 질주하는 레드

Red

여러분은 레드를 생각하면 무엇이 떠오르나요? 이 질문에 많은 분들이 대답을 바로 하는 대신 눈동자가 허공을 향합니다. 허공을 바라보는 그 눈동자는 '레드가 뭐가 있었더라', '내가 근래에 레드를 봤나?', '색을 생각하면 뭐가 떠올라야 하나?' 등의 혼란스러워 하는 반응들이 대부분입니다. 그 와중에 몇몇 분은 '장미', '피', '열정', '붉은 악마', '두려움' 등의 단어들을 이야기하기도 합니다. 요즘은 다양한 컬러의 장미들이 많지만 예전에는 장미하면 빨간 장미를 많이들 떠올렸기에 장미란 단어가 나왔을 테고 붉은 악마는 다들 알다시피 2002년 월드컵을 뜨겁게 달궜던 우리나라 응원단의 티셔츠 컬러를 떠올린 답변이었을 겁니다. 그런데 '두려움'이란 단어를 이야기한 분에게 왜 그것을 떠올렸나 물으니 이런 이야기를 하셨습니다. 얼마 전 뉴스에서 하와이 화산 폭발로 인해 붉은 용암이 마을을 뒤덮는 장면을 보고 평생 일궈낸 모든 것을 지켜낼 새도 없이 순식간에 잃어버리는 사람들의 절망을 보면서 그 감정이 자신에게 두려움으로 다가왔다고 말이죠.

또 누군가는 '욕망'이라고 답하기도 하는데 그 이유를 물으면 얼마 전 들린 백화점에서 너무 마음에 든 레드 지갑을 봤는데 바로 사지 못하고 두고 온 것이 걸린다며 그 지갑을 꼭 갖고야 말겠다는 욕망에 사로잡혀 있다고 합니다. 최근에 남미나 더운 나라로 여행을 다녀왔다면 현지에서 봤던 열정적으로 춤을 추던 댄서의 열정을 떠올리는 분들도 있을 것입니다. 이처럼 레드 컬러에 각자가 떠올리는 것들은 다양합니다. 신호등의 빨간색부터 사과, 장미, 불, 화, 배신 등 어떻게 저런 단어까지 나올 수 있나 싶을 정도로 다양한 답들이 나옵니다. 이는 누구의 답이 '맞고 틀리다'를 떠나 정해진 답이 있지 않다는 것을 알게 해줍니다.

누군가는 묻습니다. 좋은 컬러와 나쁜 컬러는 무엇이냐고요. 그런데 세상에 좋은 컬러와 나쁜 컬러는 존재하지 않습니다. 다만 내가 그 컬러들을 어떻게 보고, 느끼고, 경험하고 있느냐의 차이입니다. 컬러는 자신의 상황과 감정에 따라 보고 느끼는 것이 다릅니다. 그래서 컬러는 각자가 경험하는 여행과 같은 것입니다. 여행도 같은 곳을 가고, 같은 것을 하지만, 개개인이 느끼는 감흥은 각자의 경험과 기억에 따라 다르듯 말입니다. 지금부터 레드 컬러에 대해 몇 가지의 이야기를 나눌 텐데 여러분이 지금까지 살아오면서 언젠가는 경험했거나 근래에 경험하고 있고 또는 아직은 경험하지 않았지만 언젠가는 경험할 수도 있는 상황과 감정들이기에 함께 생각해보면서 알아가보도록 하겠습니다.

100미터 달리기 출발선 앞에 선 레드

모든 일에는 시작을 알리는 행동이 있습니다. 집을 나서기 위해 문을 여는 순간, 일을 하기 위해 노트북의 전원을 누르는 순간처럼 말이죠. 레드는 그 모든 순간의 시작을 알리는 '포인트'와 같은 에너지입니다.

학교 다닐 때 체력장 하던 때를 떠올려 볼까요? 여러 종목 중에서 100미터 달리기를 떠올리면 어떤 것이 기억나시나요? 긴 호흡으로 체력을 관리하며 달리는 장거리나 마라톤과는 달리 단시간에 승부를 봐야 하는 100미터 달리기에서는 아마도 출발선 앞에 대기하던 그 순간이 떠오르지 않을까 합니다. 심장은 미치 귀에서 뛰는 듯 쿵쿵거리고 한껏 추켜세운 선생님의 손에 끼워져 있는 총에서 언제 총성이 울릴지 온 주의를 기울이며 숨죽이고 기다리던 그 순간, 1초라도 늦을 새라 큰 숨도 내쉬지 못하고 세상 모든 것이 일시 정지처럼 멈춰 있던 그 순간은 수십 년이 지난 지금도 느낌이 그대로입니다. 귀를 먹먹하게 하며 울리는 총소리와 함께 우리는 본능적으로 앞으로 뛰어나갑니다. 너무 급하게 달려 넘어지지 않는 한 그저 결승선만을 향해 전력 질주하는 것 외에는 달리 할 수 있는 것이 없죠. 그렇게 달리다 보면 순식간에 결승선에 다다르고 거친 숨 몇 번 몰아쉬다 보면 몇 등으로 뛰었는지 또는 몇 초 안에 돌파했는지 결과가 나왔죠.

친구들 중 누군가는 그 적막함 속에 흐르는 긴장감에 짓눌려 그 순간을 너무 싫어하는 이가 있습니다. 반면, 또 누군가는 그 긴장 속에 흐르는 스릴을 즐기고 남보다 먼저 나가길 원합니다. 더 좋은 성과가 나올 때 기뻐하며 혹 다른 친구보다 좋지 않은 성적이 나올 때는 왠지 모를 패배감과 승부욕에 또 다른 경쟁 포인트를 찾아 나서는 이가 있었습니다.

이런 패턴은 우리의 삶 속에서 일평생 따라다닙니다. 취업을 하기 위해 대학 생활 내내 쉼은 포기하고 쌓아온 스펙을 꼼꼼히 적은 이력서를 전송할 때, 짧은 시간에 당락이 결정되는 중요한 면접장 문 앞에서, 회사의 매출을 결정짓는 중요한 프레젠테이션을 앞두고, '평생의 반려자를 만날 수 있을까?' 하는 기대감으로 나간 소개팅 자리에서, 인생의 전환점을 꿈꾸며 사직서를 던지고 뜻 맞는 사람들과 새로운 일에 뛰어들 때 그렇습니다. 이런 순간은 100미터 출발선 앞에서 느꼈던 긴장감을 가지고 선택을 하며 또 그로 인한 결과로 인해 희열과 좌절을 경험하기도 합니다. 하지만 우리가 한 선택에 대한 결과를 확신할 수 없는 두려운 상황 속에서 우리에게 '할 수 있다'고 용기를 주는 것이 레드의 힘입니다. 이력서를 첨부한 메일에 발송 버튼을 누르고 면접장 문이 열리는 그 순간, 고객사 앞에서 첫 말문을 여는 순간들처럼 용기내어 시작을 하면 어느새 인생은 그다음을 향해 출발합니다.

목표를 향해 달리는 레드

레드는 삶에 대한 열정, 힘의 원천이라는 메시지를 가지고 있습니다. 우리는 누구나 내 인생에 대해 또 내가 하는 일에 대한 성공을 꿈꾸며 열심히 달리는 때가 있습니다. 그러다 잠시 쉬고 숨 고르기를 하는 때도 있지만요. 여러분은 지금 삶에서 열정을 불태우고 있는 중인가요? 아니면 잠시 가던 길을 멈추고 쉬고 있는 중인가요? 그것도 아니면 잠시의 쉼이 너무 길어져 일상이 되어버린 상태인가요? 여러분의 삶에서 가장 열정적이었던 때는 언제인가요? 열정은 불씨 같습니다. 마른 풀에는 조금의 바람에도 확 타올라 주변까지도 쉽게 번지지만 장작이 너무 크거나 비에 젖어 있을 때는 어지간한 노력에도 쉽사리 타오르지 않고 어렵게 지펴놓은 불도 타오를 듯하면서 금방 꺼져버리는 것처럼 말이죠.

그렇게 열정이 쉽게 생기지 않을 때는 스포츠 경기장에 가보는 것이 도움이 됩니다. 여러분은 야구장이나 축구 경기장 또는 다른 경기장에 가본 적이 있습니까? 그곳에 가면 내가 응원하는 팀을 위해 처음 본 사람들도 하나가 되어 목청껏 응원을 하며 골이라도 들어가면 모두가 얼싸안고 기쁨에 환호를 지릅니다. 그러다 상대팀 선수의 반칙에는 마치 내가 다치기라도 한 듯 화가 나서 수백 명의 야유 소리가 하나의 굵직한 소리가 되어 경기장을 메우고 체력이 떨어져 보이는 선수의 발놀림에는 우렁찬 응원가로 힘을 더합니다. 경기가 끝난 후에는 마치 자신이 90분을 뛴 듯 가쁜 숨을 내쉬며 그 숨과 함께 무엇인가가 빠져나간 듯 후련함을 느끼기도 합니다. 점수로 성과를 내야 하는 경기장은 오로지 승부를 위해 열정을 쏟아부어 활력 넘치는 레드로 가득 찬 공간이며 그 공간에 다녀오면 우리는 자신도 모르게 잃어버린 열정에 불을 지피게 됩니다.

4년 동안 갈고닦은 실력을 올림픽에서의 몇 초, 몇 분 만에 다 쏟아내는 국가대표 선수들처럼, 3~4분의 연주를 위해 몇 달을 수십 명이 합을 맞춰 연습하는 연주가들, 한 번의 무대 공연에 올라가기 위해 자신의 청춘을 다 바쳐 연습하고 또 연습하는 배우들이 있습니다. 그들의 경기, 무대, 공연을 보면 그들의 열정과 시간, 노력이 고스란히 느껴지기에 우리도 모르게 눈시울이 붉어지고 가슴에 뜨거운 무엇인가가 차오릅니다.

얼마 전 우연한 기회에 색소폰 연주자의 연주를 들은 적이 있습니다. 그 연주자는 다른 악기의 도움 없이 오롯이 색소폰 하나로만 아름다운 연주를 해 나갔습니다. 한 곡을 끝낸 그는 구슬땀으로 흠뻑 젖은 까닭에 연신 티슈로 얼굴을 닦아냈습니다. 가벼운 이야기로 잠깐의 휴식을 취한 후 그는 다시 두 곡을 연달아 연주했고 얼마나 혼신의 힘을 다해 연주를 했는지 이번에는 얼굴을 타고 흘러내리는 땀방울이 고스란히 보일 정도였습니다. 흐르는 땀에 아랑곳하지 않고 오직 연주에만 몰입하는 그의 모습은 그곳에서 연주를 듣고 있던 많은 사람들에게 감동과 감탄을 주었습니다. 연주가 끝난 후 그는 환한 미소로 인사를 했고 청중들은 큰 박수로 그에게 환호했습니다.

음악과 하나가 되어 연주하는 그의 모습은 잊고 있었던 삶의 열정을 떠올리게 했습니다. '나는 그 무엇을 위해 저 연주자처럼 열정을 다 했던 적이 언제였던가? 시간 속 어딘가에서 나도 저렇게 열정을 다할 때가 있었는데' 하고 말이죠. 그에게 보냈던 힘찬 박수는 어쩌면 스스로에게 '너도 할 수 있어'라는 응원이 아니었을까 합니다.

이처럼 열심히 살고 있는 레드는 그들의 삶에 대한 뜨거운 열정, 꿈을 향한 열망으로 그것들을 잃어버리고 방황하는 이들에게 다시 용기를 내라고 합니다. 당신에게도 그런 열정이 있지 않느냐며 다시 뛰면 좋은 결과가 따라온다며 응원해주는 컬러입니다.

빨간 신호등을 잃어버린 레드

운전할 때를 떠올려 볼까요? 시내에서 운전할 때는 곳곳마다 위치하며 체계적인 시스템에 의해 출발과 정지를 알려주는 신호등으로 인해 자기 뜻대로 속력을 내기에는 제한 요소가 많습니다. 하지만 고속도로에 진입하면 속력을 가로막던 빨간 신호가 사라지고 오직 도착지까지 달리기만 하면 되는 조건으로 바뀝니다. 운전자가 피곤하지 않는 한 고속도로에 공사 중이거나 사고로 인해 막

히는 구간 등의 돌발 상황만 일어나지 않는다면, 오직 출발만 있는 곳이지요. 운전을 해보신 분들은 쉽게 상상이 되실 텐데요. 신호에 걸려 브레이크를 밟고 속도를 줄이다가 다시 속력을 올리기에는 어느 정도의 시간이 필요합니다. 하지만 브레이크를 밟을 일이 없는 고속도로에서는 오직 액셀러레이터의 작동만 있습니다.

점점 속도를 올리다 보면 어느새 120km를 훌쩍 넘고 속도에 대한 감각이 점점 무뎌지게 되면서 더 빠르게 달리는 자신을 보게 됩니다. 이처럼 레드는 목표점을 향해 달리는 빨간 신호가 없는 신호등과 같습니다. 한번 그 궤도에 오르면 같이 타고 있는 가족이 무서워하며 속도를 좀 줄이라고 아무리 이야기를 해도 속도를 줄이기가 쉽지 않습니다. 오히려 운전하는 사람은 자기인데 왜 옆에서 이래라저래라 하냐며 화를 내기 일쑤고 그 실랑이가 몇 번 지속되다 보면 분위기가 냉랭해지기 십상이죠. 그럼 처음에는 즐겁게 시작됐던 드라이브가 서로에게 상처를 남기는 시간이 되고 말죠. 우리가 적정 속도를 지켜야 하는 것은 언제 일어날지 모르는 돌발 상황에 대한 상황 대처 때문이기도 합니다. 갑자기 동물이 나타났거나 갑자기 앞차가 급브레이크를 밟아 우리도 같이 속도를 급히 줄여야만 할 때 너무 빠른 속도에서는 바로 대처하기가 쉽지 않습니다.

속도가 높아질수록 핸들의 민감도가 높아지기에 많은 위험에 처할 수밖에 없습니다. 내가 달리는 이유가 무엇인지, 차를 타고 고속도로를 달리는 이유가 무엇인지를 생각한다면 지금 이 순간 중요한 것이 무엇인지를 알 수 있을 겁니다. 혹시 자신의 삶에서 너무 속도를 올려 전속력으로 달리느라 잊고 있는 소중한 것이 있지는 않으신가요?

경주마로 사느라 잃어버린 소중한 것들

레드를 생각하다 보면 우리 아버지들의 인생을 보는 것 같습니다. 어느 모임에서 마주하게 된 70대 어르신의 이야기를 나누고자 합니다. 그는 어릴 적 넉넉지 못한 집안 사정 때문에 가난에서 벗어나기 위해 닥치는 대로 일을 하며 돈을 모았습니다. 그리고 한 여인을 만나 가정을 꾸리게 됐고 자녀가 생기자 한 가정을 책임지는 가장으로서 우리 아이들은 나처럼 어려운 환경에서 자라게 하고 싶지 않은 마음에 오직 일만 하며 평생을 살아오셨다고 합니다. 본인이 일에 몰두하는 만큼 경제 상황은 나아졌고 스스로 세운 다짐을 이루어가는 것에 흡족해하셨습니다.

하지만 나이가 들어 일을 더 하기가 어려워 일선에서 물러나 '이제는 가족과 많은 시간을 보내며 행복하고 안락하게 보낼 수 있겠구나. 평생을 열심히 일만 했으니 이제 좀 편히 쉬자'라는 기대감에 가족 품으로 돌아갔으나 현실은 본인의 생각과 많이 달랐다고 합니다. 평생을 일만 하느라 자녀들과 함께할 시간이 없었던 탓에 자녀들이 무슨 생각을 하고, 어떤 일들을 경험했는지 같이한 추억이 없었습니다. 자녀들은 다 장성한 뒤에 가까이 다가오는 아버지의 존재를 낯설어하고 불편해했습니다. 가족들과 친해지려고 노력하면 할수록 아버지는 본의 아니게 실수를 하게 되고 그 실수는 가족들에게 더 불편한 아버지로 인식하게 했다고 해요. 그러면서 그 어르신은 '내가 이걸 바라고 인생을 그렇게 산 것이 아닌데'라며 깊은 한숨을 내쉬셨습니다.

우리는 누구나 자신의 미래를 생각하며 가지고 있는 모든 열정과 에너지를 쏟아내며 열심히 살아냅니다. 하지만 그 결과가 만족할 만한 결과가 아니었을 때는 그 열정의 무게만큼 허무함만 남게 되는 것 같습니다. '내가 무엇을 위해 이리도 뛰었단 말인가? 나의 젊음과 열정을 다 쏟아부은 결과가 이것뿐이란 말인가?' 하는 허무함은 상대와 세상에 대한 피해 의식으로 자리 잡고 분노로 자라나게 됩니다. 하지만 어찌 보면 그 누구도 그것을 강요하지는 않았습니다. 단지 자신의 선택에 의한 결과로 나타난 현실입니다. 그래서 어쩌면 미워할 대상도, 자신을 탓할 필요도 없지 않을까 합니다. 열심히 가야 할 길을 가지만 중간중간 멈춰 서서 주위를 둘러보는 여유도 필요하지 않을까요? 레드가 여러분에게 주는 메시지입니다.

Red - 이럴 때 눈에 띄고 우리에게 도움을 줍니다

> 66

- 열정이 떨어진 듯 일어날 힘조차 없을 때
- 실패에 대한 두려움으로 망설여질 때
- 욕심이 과해질 때
- 과열된 열기에 '잠시 멈춤'이 필요할 때
- 번아웃(Burnout) 됐을 때
- 분노와 피해 의식으로 괴로울 때
- '힘'과 '열정'이 필요할 때
- 실행력이 필요할 때

> 99

레드를 위한 조언

레드는 토르의 망치에 비유할 수 있습니다. 무한한 힘을 가지고 있지만 아무 때나 휘두르지 않으며, 진정으로 필요할 때만 힘을 사용하는 절제가 필요합니다. 가야 할 때와 멈춰야 할 때를 정확하게 아는 것이 레드가 잊지 말아야 할 포인트입니다. 그것만 잊지 않는다면 레드는 더할 나위 없는 완벽한 열정의 컬러입니다. 내가 가야 할 길이 급하다고 자동차가 인도에서 달리면 안 되고 70대 어르신에게 더 빨리 뛰라고 강요하면 안 되듯 나의 목표가 다른 이에게 피해를 줘서는 안 되며 나의 목표를 위해 타인의 영역을 침범해서는 안 됩니다.

한 영업사원의 이야기를 사례로 들어볼게요. 월말이 되자 그는 매출 압박에 시달립니다. 목표액이 조금 부족한 상황에 지점장은 목표를 채우라며 영업사원을 재촉합니다. 그래서 그는 평소 관리를 제대로 하지 못한 고객에게 상품 구입을 제안합니다. 하지만 고객은 아직 사용할 상품이 남아 있고 또 평상시 특별히 관리를 하지도 않던 영업사원이 자신에게 갑자기 연락을 해오는 것이 썩 기분 좋지는 않아 그의 제안을 거절했습니다. 영업사원은 알겠다고 돌아섰으나 상사와 회사의 지속되는 매출 압박에 다시 고객에게 상품 제안서를 보내며 이번 달 안에 구입하라고 연락합니다. 고객은 이번 달에는 구입 의사가 없다고 재차 이야기하며 지금은 바쁘니 나중에 이야기하자고 양해를 구하지만 영업사원은 몇 번이고 다시 연락을 합니다. 결국 고객은 영업사원에게 불쾌감을 드러냈고, 영업사원은 고객과의 관계만 틀어지고 목표는 달성하지 못한 채 저조한 실적으로 회사에 낙인찍힙니다.

이런 일은 얼마든지 일어나는 상황들입니다. 그런데 이때 영업사원이 고객에게 비난의 화살을 던지고 그 탓을 고객에게 돌리기 시작하면 영업사원의 열정은 변질됩니다. 나의 열정에서 비롯된 빈번한 연락이 고객의 쉬는 시간과 공간을 방해했다는 것은 완벽하게 배제되고, 고객의 입장과 사정은 이해하지 않은 채 그저 나의 매출에 도움을 주지 못한, 나의 실적 달성에 방해를 준 대상으로 남아버리면 레드는 균형을 잃고 욕심이 지나친 자기만 아는 욕심쟁이가 되어버립니다.

열심히 하는 와중에 내 뜻대로 되지 않는 세상과 조직, 누군가에 대한 미움이 일어난다면 그때 우리는 알아차려야 합니다. '아, 나의 과욕이 나를 도와주지 않는 상황과 사람에게 탓을 돌리고 있구나' 하고 말이죠. 이럴 때는 잠시 휴식을 가지면서 마음의 여유를 가지라고 레드가 이야기하는 때입니다.

Red

감정 마주하기

여러분이 9개의 컬러 중 한 컬러를 고르셨고 이 파트는 레드에 대한 이야기였습니다. 지금까지 레드 컬러가 가지고 있는 메시지들을 살펴봤는데 느낌이 어떠신가요? 요즘 느끼고 있는 감정과 비슷한 부분이 있으신가요? 내가 왜 레드를 선택했는지 단번에 이해되는 부분도 있을 것이고 혹 어느 부분에서는 지금 당장 이해가 되지 않는 부분도 있을 것입니다. 하지만 우리는 일상을 살아내는 순간순간 레드 에너지를 경험합니다. 여러분이 인지하지 못하는 감정과 메시지들이 있더라도 다음 작업을 하다 보면 알게 되는 부분이 있을 수 있습니다.

지금부터는 아무 형식 없이 적고 싶거나 떠오르는 기억, 감정들

을 자유롭게 써내려가는 시간입니다. 요즘 현대인들은 앞뒤 맥락
이 잘 맞게 써야만 하는 틀 속에서 사고하고 살아내고 있기에 자신
의 감정마저도 자연스럽게 풀어놓지 못하는 것 같아요. 그래서 이
장에서는 어떤 형식에도 구애받지 않는 자연스러움 속에 스스로
통찰해보는 시간입니다.

자, 이제 레드를 읽고 나서 느껴지는 여러분의 감정을 적어 볼까
요? 그래도 어려울 수 있으니 다른 분들은 어떻게 써내려가고 어
떤 통찰을 얻었는지 사례 하나를 들어드릴게요.

어떤 중년의 여성분이 '열정'이라는 레드의 키워드에 공감하셨
습니다. 열정에 대해 막 써내려가다가 결국 다다른 키워드는 피해
의식이었는데 어린 시절 부유했던 친구들의 상황과는 달리 본인의
가정 형편은 그리 좋지 않았다고 합니다. 그래서 일평생을 열심히
살아내셨는데 이제 보니 본인을 지탱한 열정의 근원은 나도 모르
게 깊이 박혀 있었던 피해 의식이었다고 자각하셨죠.

그럼 이제 여러분의 이야기를 적어 볼까요? 여러분에게 떠오르
는 단어들을 계속 적어 보세요. 단어에 단어가 꼬리 물고 적히도록
생각과 펜을 멈추지 말고 바로 적어 보세요.

(샘플 단어/문장)
열정.
화가 나.
어디까지 해야 해.
성공할 거야.

생각나는 것들을 다 적으셨나요?

그럼 잠시 차 한잔을 드시거나 노래 한 곡을 들으며 생각을 전환하는 시간을 갖겠습니다.

이제 다시 한번 여러분이 적은 단어나 문장들을 보겠습니다. 단, 나의 감정과 분리해 내가 모르는 제3자가 적은 것처럼 읽어 볼까요?

어떤 단어들이 적혀 있나요? 이 단어들을 적은 사람은 레드의 어떤 에너지에 몰입이 되어 있는 것 같습니까? 그에게 필요한 것은 무엇이라고 느껴지시나요?

그럼 지금의 당신에게 필요한 것은 무엇일까요?

내가 나에게 주는 위로

네가 이렇게 열심히 살아온 것에 대한 보상이 언젠가는 있을 거야.

레드를 위한 한마디

Red

여러분이 레드를 경험하고 있다면 (예를 들어 나의 모든 에너지를 쏟아부으며 무엇인가를 열심히 하고 있거나, 또는 열정을 쏟아부었음에도 돌아오는 것이 없어 의지가 꺾이거나 다소 의기소침해져 있는 요즘이라면) 필요할 때마다 다음 글들을 되뇌어 보세요. 다음 문구 중 가장 와 닿는 글귀를 아침에 일어나서, 그리고 하루를 마감하기 전에 가슴에 두 손을 얹고 스스로에게 이야기해주세요. 그리고 여러분은 레드 에너지 경험이 끝났더라도 주변 누군가가 레드 에너지를 겪고 있다고 생각되면 조용히 그들에게 이런 말들을 전해줘도 괜찮습니다. 당신의 사소한 한마디가 그에게는 절실히 필요한 말일 수도 있거든요.

정말 열심히 살아냈구나.
여기까지 온 네가 참 자랑스러워.
오늘도 살아내느라 수고했어.
충분히 할 만큼 했어.
너이기에 가능한 일이었어.
가끔 쉬어가도 괜찮아.
나는 내가 자랑스럽다.

레드를 위한 노래

빌리 조엘(Billy Joel)의 〈Vienna〉라는 노래 가사의 일부를 해석하면 이런 내용이 있습니다.

속도를 줄이렴. 내달리는 아이야.
넌 아이치고는 야망이 크구나.

(…중략…)

뭐가 그리 급하니? 어디 불이라도 난 거니?
다 타버리기 전에 식혀야 할 거야.
넌 할 게 너무 많고
시간은 부족하지.

(…중략…)

속도 좀 줄이렴, 넌 잘 하고 있어.
네 시간이 오기 전까지는 네가 원하는 모든 것이 될 수는 없단다.

(…중략…)

속도 좀 줄이렴, 아이야.
그 전화기를 내려놓고 잠깐 어딘가로 떠나렴.
하루 이틀쯤 여유 부려도 괜찮단다.

넘치는 책임감으로 자신의 인생을
성실하게 살아내는 컬러입니다.
남에게 피해 주기 싫어하며
누군가에게 의지하지 않고
모든 걸 스스로 해결해 나가려 하지만
가끔은 누군가에게 의지하며
자신의 속마음을 털어놓는 것도
괜찮다는 걸 느껴 보시길 바랍니다.

블루가
당신의 눈에 띈다면

Blue

왼쪽 사진의 컬러를 보면 어떤 느낌이 드나요? 투명한 바다처럼 속을 내보이는 듯하지만 내 여린 속마음이 들킬 새라 꽁꽁 닫아버리고 자신만의 안전하고 평화로운 세상에서 살고 있는 모습이기도 합니다. 초겨울 저수지 위에 살짝 언 빙판처럼 조금만 자극이 와도 빠직 소리와 함께 금이 가버리고 마는 살얼음처럼 쿨해 보이는 외모와 달리 마음은 여리기 그지없는 이들의 컬러가 블루입니다. 상처받기 싫어 감정을 차단하고 낯선 이들에게 경계를 풀지 않으며 속에 있는 말을 잘 하지 않고 내 마음을 드러내지 않는 이들의 컬러이지요. 그래서 사람들은 블루 컬러의 이들을 자칫 냉정하고, 감정이 없으며 차가운 사람들로 생각합니다.

하지만 이들은 깊은 사고와 신뢰를 품고 있는 이들입니다. 잘 열지 않던 마음도 '저 사람은 믿을 만한데?'라는 생각이 들면 자기의 모든 것을 여과 없이 보여주는 솔직한 사람이기도 하죠. 그렇게 타인에게 열어 보인 마음의 문은 생각 없이 툭 내뱉는 상대의 말 하나에도 쉽게 상처를 받고, 전보다 훨씬 더 깊숙이, 훨씬 더 꽁꽁 숨어버리죠. '역시 난 혼자야', '역시 그런 거였어', '그래, 혼자 가는 거야' 이렇게 말이죠. 그리고 마치 물속 깊이 내려앉아 물 위에서 펼쳐지는 일들을 전혀 개입하지 않고 마치 공연을 관람하듯 바라봅니다. 눈에 다 보이지만 '저 일은 내 일이 아니다. 저 세상은 내 세상이 아니다' 하며 물 위로 올라오려 하지 않고 물 안에서 바깥 세상을 보고 있죠. 하지만 내가 개입하지 않고 그저 관찰자로 바라본 세상은 현실의 세상이라고 할 수 없습니다. 관찰과 생각이 아닌 타인들과 어울림을 통해 창조해 나가야 합니다.

요즘 여러분이 파란 하늘을 자주 올려다본다면, 조용한 바다가 그리워진다면, 당신은 블루의 에너지가 필요한 때일지도 모릅니다. 말하고 싶은 것이 있으나 여러 이유로 말하지 못하고 간직하고만 있는 당신의 진실이 있습니까? 당신이 짊어져야 하는 버거운 책임감이 당신의 어깨를 짓누르고 있나요? 그게 꼭 당신이 짊어져야 하는 책임감일까요? 당신도 다른 이들처럼 자유롭게 당신의 삶을 누리고 싶지는 않나요? 잠시 현실에서 한 발짝 떨어져서 홀로 침묵 속에서 생각을 정리하고 먼지가 이는 모래를 잠재우듯 조용한 정리의 시간이 필요하지는 않습니까?

　블루가 생각난다는 것은 당신이 사람 사이에서의 복잡함, 수많은 책임감과 생각에 사로잡혀 있다는 것을 알려줍니다. 잠시 그것들로부터 벗어나 홀로 있음이 필요한 시간이라고 이야기해주는 것이지요. 요즘의 당신은 그러합니까? 그럼 무엇을 어디서부터 내려놓고 자유로워져야 하는지 블루가 들려주는 이야기들을 함께 살펴보겠습니다.

Blue

감정을 숨기며
책임감으로 버티는 블루

몇 년 전 방영했던 드라마 〈디어 마이 프렌즈〉의 한 장면이 떠오릅니다. 장난희(고두심 배역)는 노모와 함께 전깃줄을 고치다 떨어져 하반신 불구가 된 남동생, 그리고 나이가 있어도 아직 철이 든 것 같지 않은 딸 박완(고현정 배역)을 거두며 묵묵히 자신의 삶을 책임지며 살아온 여인입니다. 그러다 중년을 넘어선 나이에 암 선고를 받고 가족들에게 알리지 못한 채 혼자 끌어안고 자신의 일상을 살아냅니다. 그중 제가 본 장면은 엄마의 병을 알고 있는 딸이 부엌에서 엄마와 마주하고 있는 장면이었습니다. 딸은 왜 진작 가족들에게 알리지 않았냐며 울음을 참으며 담담한 척 이야기했고 엄마는 억눌렸던 그간의 감정을 폭발하듯 쏟아냅니다.

"얘기했으면, 얘기했으면 뭐가 달라지는데? 너네가 알면 뭘 어떻게 해줄 건데? 뭘 해줄 수 있는데? 평생을 나 혼자서 이렇게 버티고 왔는데 말하면 뭐가 달라지는데?"

그 순간 그 마음이 무슨 마음인지 너무나도 잘 알아 안쓰러운 감정에 엄마 입장에 이입이 되어 '그러니까 평소에 좀 잘 하지'라는 생각이 들었죠. 그러다 동시에 이런 생각이 들더군요.

'정말 그 가정을 엄마 혼자서 책임지고 있었을까? 다른 가족들도 그렇게 생각할까?'

장난희의 노모는 구부러진 허리로 자신의 역할을 충실히 감당하고 있었고 장애를 가진 동생도 아주 건강한 신념을 가지고 자신의 인생을 잘 꾸려가고 있었습니다. 가족 그 누구도 엄마에게 전적으로 의지하며 자신들의 인생을 나 몰라라 하지 않았습니다. 그럼에도 엄마는 왜 그런 생각으로 평생을 자기는 돌보지 않은 채 가족을 위해서 헌신하며 살다가 저런 말을 쏟아내고 있을까요?

비슷한 사례로 제가 만난 중년의 어머니 이야기를 해보겠습니다. 그분 또한 블루 성향의 분이었고 전 블루의 책임감에 대해 이야기했습니다. 중년 여성은 그제야 본인의 이야기를 털어놓으셨는데, 결혼해서 남편이 있었지만 평생을 본인이 집안 살림을 도맡아 가정을 돌봤다고 합니다. 아이들이 장성해 결혼도 하고 손자까지 태어나서 '이제 내 할 일은 다 했으니 나도 내 인생을 좀 살아볼까?' 하고 있는데 딸이 너무나도 당연하게 손자를 맡기려 한다는 것입니다. 그런 상황이 너무 화가 난다며, 이제 본인도 자유를 누리고 싶다고 말씀하시며 눈물을 보이셨던 것이 기억납니다. 그 눈물은 서러움의 눈물보다는 '이제 나도 나를 위해 살 거야'라는 스스로 다짐을 하는 눈물이었습니다.

그런데 책임감이 왜 이리도 무겁게 그들에게 작용할까요? 이들은 자신이 보호받아야 할 때 보호받지 못했다고 느끼는 순간이 있었을 것입니다. 나를 보호해줘야 하는 대상이 없었거나 대상은 있으나 그 대상이 역할을 수행하지 않은 경우일 수도 있습니다. 남편이 있지만 남편의 역할을 하지 않는 경우, 아버지가 있지만 아버지로서 역할을 하지 못하고 오히려 가정을 파괴하는 경우, 엄마나 언니들은 너무 연약해 막내인 자기가 연약한 가족을 돌봐야 한다는 책임감을 느끼고 있는 이들을 만난 적이 있습니다. 제가 보기에 그녀는 너무도 어리고 한없이 여린 소녀였는데 말입니다. 부모의 양육을 충분히 받아야 하고 보호받아야 하는 어린 나이임에도 불구하고 너무 일찍 철이 들어버려 책임감이라는 무게를 스스로에게 얹어야만 했던 것이지요.

어떤 어머니는 자신의 딸이 너무 어른스럽고 자기를 너무 아기 취급한다면서 자랑인 듯 고민처럼 말씀하셨습니다. 딸이 어릴 때부터 자기 일을 알아서 잘하는 아이라 손이 가지 않아서 엄마인 자기는 하고 싶은 걸 다 하면서 살았다고요. 그저 딸한테 불만이 있다면 너무 독립적인 게 서운하다고요. 그렇게 착한 딸인데 얼마 전에 막 울면서 화를 냈다고 합니다. 얼굴에 여드름이 심해 피부과를 다니는데 의사 선생님이 음식 문제 때문인 것 같다면서 채소, 야채 위주의 건강식을 병행해야 빨리 좋아질 수 있다고 했답니다. 요리 못 하는 엄마, 그래서 어릴 때부터 나에게 인스턴트만 줬던 엄마, 다른 친구들 엄마와는 조금 다른 엄마, 소녀 같은 엄마, 철이 없는 엄마, 오히려 내가 챙겨야 하는 존재. 어릴 때부터 그러려니 하며 지내온 시간들이 건강식으로 바꾸라는 의사 선생님의 말에 확 하고 터진 것이죠. 나도 보호 받아야 하는 존재였으나 엄마가 나보다 더 소녀 같아서 스스로 어른인 척 옷을 입어야 했고 아무렇지 않은 척 지내야 했던 것이죠. 딸이 독립적이었던 것이 아니라 독립적일 수밖에 없었던 것입니다.

블루는 '내가 의지할 곳이 없다. 내가 의지할 사람이 없구나. 나를 책임져 줄 사람은 나뿐이구나. 스스로 잘 살아야 한다'라는 마음으로 버티고 버티는 이들입니다.

커뮤니케이션의 어려움을 겪는 블루

블루 컬러 사람에게 소통은 조금의 거짓과 꾸밈도 없는 오로지 진실만을 이야기하는 것이 그들에게 소통이고 대화입니다. 진실을 나누며 대화하는 것이 서로에 대해 신뢰가 쌓이는 길이며 그것이 곧 관계가 되는 사람들입니다. 그들에게 진실성이 없는 입발림 소리는 흩어지는 바람과 같이 의미 없는 것이며 그런 의미 없는 것을 나누는 관계는 필요 없다고 느끼는 이들입니다.

그런데 세상을 살아가다 보면 어떨 때는 약간의 거짓말도 필요하고 타협도 필요한 게 인생이지만, 거짓말과 타협이 잘되지 않는 대쪽 같은 성향을 지닌 것이 또 그들입니다. 블루 성향의 여학생은 학교에서 친구들과 종종 이런 일을 겪습니다. 친구가 새로운 립스틱을 바르고 오거나 헤어스타일을 바꾸고 왔을 때 어떠냐고 물으면 블루 성향의 친구는 가감 없이 있는 그대로 이야기합니다. "지난번 컬러가 더 어울리는 것 같아. 이번 컬러는 네 피부 톤에 어울리지 않아"라고요. 블루 성향의 직설적인 말을 들은 친구는 서운해하지만 블루 입장에서는 어떠냐고 물어서 사실대로 이야기한 건데 왜 서운해하냐며 억울하다는 겁니다. 그럴 거면 그냥 칭찬해달라고 하지 왜 어떠냐고 묻느냐는 것이죠. 어떻게 보면 그 친구의 투정이 귀엽게도 보이지만 정작 그 일을 겪은 블루 친구는 정말 답답할 노릇입니다. 블루는 거짓을 싫어하며 바른 소리, 옳은 소리, 진실만 이야기하는 것이 편한 사람들이에요. 거짓을 이야기하는 것은 몸 속 어딘가가 불편한 듯 그들에겐 참으로 어려운 일인 것이죠.

어릴 때부터 그런 일을 겪은 블루는 알게 됩니다. '진실을 그대로 이야기하면 친구, 주변 사람, 조직, 사회가 나를 별로 달가워하지 않는구나'를요. 그래서 그들이 경험을 통해 터득한 방법이 '침묵'입니다. 아닌 것을 아니라 말 못한다면 그냥 살며시 웃으며 다른 주제로 대화를 돌리거나 아무 반응을 하지 않는 것이죠. 하지만 오해해서는 안 됩니다. 블루가 이야기하지 않는다고 해서 그가 아무 생각이 없는 것이 아닙니다. 블루 컬러의 사람들은 기본적으로 감성보다 이성에 근거하기에 이론적이며 조직적이고 군더더기 없이 이야기를 잘 합니다. 같은 말을 하더라도 블루 성향의 사람이 이야기하면 더 신뢰가 가는 것이 이 때문입니다.

　말하는 것을 좋아하지 않지만 그들의 신중함 때문에 다른 이들은 그의 목소리를 통해 듣고 싶어 하는 것이죠. 하지만 너무 칼 같은 답변으로 주변에서는 다소 차갑다, 딱딱하다, 다가가기 어렵다는 이야기를 듣기도 합니다. 달변가이지만 말을 아끼며 특히 자신에 대한 것이나 자기 감정에 대한 것은 타인과 나누기를 꺼려하고 자신을 표현하는 것에 대한 부담감을 가지고 있습니다. 그들의 침묵은 '내 생각은 좀 다르지만 대의를 거스르지 않으니 또는 내가 이야기한다고 해서 바뀔 게 아니니 그냥 아무 말 하지 않겠어'라는 뜻입니다.

스스로 외로움을 선택한 블루

블루를 생각하면 넓은 들판에 홀로 외로이 서 있는 나무 같습니다. 태풍이 불어도 어디 의지할 것 없이 오롯이 혼자서 버텨내야 하는 그런 홀로 있는 나무 말입니다.

어느 여성의 이야기입니다. 소개팅으로 만난 남자와 연애를 막 시작하던 때의 일입니다. 그 남성은 여성이 마음에 들었는지 전화도 자주 하고 시간이 날 때마다 그 여성을 만나러 여성이 사는 동네로 왔습니다. 한번은 남성이 지방 출장을 다녀온 여성을 조금이라도 빨리 보고자 역으로 마중을 나오겠다고 했습니다. 그녀는 남자의 그런 적극성이 싫지 않았고 예쁜 모습을 보이고자 옷매무새를 고치며 에스컬레이터를 타고 올라가고 있었습니다. 그런데 에

스컬레이터 끝에서 낯익은 남성이 그녀를 향해 웃으며 서 있는 것이었습니다. 로비나 주차장에 있을 줄 알았던 남성이 에스컬레이터 앞까지 와 있는 것을 보고, 그녀는 그에게 호감이 생겼습니다. 둘의 관계가 조금 더 가까워진 어느 날, 둘이서 마트에 들러 장을 봤습니다. 그녀가 계산을 마치고 평소처럼 장바구니를 들려 하자 남자친구가 그녀에게서 장바구니를 낚아챘습니다. 그녀는 "안 무거워. 이 정도는 내가 들 수 있어"라며 다시 가져오려 하자 남자친구는 "이런 거 하라고 남자친구 사귀는 거야"라고 이야기했습니다. 그녀는 그 말을 듣는 순간 '아, 나는 왜 모든 걸 내가 다 하려고 할까? 조금은 기대도 되는데…'라는 생각이 들었습니다. 하지만 곧 '이렇게 의지하고 그에게 익숙해지다가 헤어지기라도 하면 나만 더 힘들어질 거야. 정신 차려'라는 생각이 들었다고 합니다.

비슷한 이야기가 하나 더 있습니다. 중년 남성이 명상 중에 어떤 이미지가 떠올랐다고 합니다. 그 이미지는 벽난로를 멍하니 바라보고 있는 어느 남자의 뒷모습이었습니다. 그 남자는 홀로 벽난로를 보며 '내 인생은 왜 이렇게 쓸쓸한 걸까? 외롭다'라고 중얼거렸고 그 장면에서 화면이 줌 아웃이 되니 그 남자 뒤에는 다섯에서 여섯 살 정도 되어 보이는 아이가 그 남자의 뒷모습을 바라보고 있었습니다. 그 아이는 '우리 아빠는 언제 고개를 돌려 나를 바라봐 줄까?'라고 생각하며 아빠가 뒤를 돌아 자기를 봐주기를 기다리고 있는 모습을 보게 됩니다. 그리고 그 남성은 그 장면 속의 남자가 자신의 모습인 것을 깨닫게 되고 하염없는 눈물을 흘렸습니다.

　'나를 기다리고 바라보는 사람들은 항상 주변에 있는데 내가 그것을 보지 않았던 거구나. 조금만 고개를 돌리면 나를 기다리는 이들이 있는데 말이야. 내 인생이 외로운 게 아니라 내가 그들을 보지 않고 스스로 혼자 있기를 선택하며 외로움 속에 있었던 거야.'

　그 남성은 이런 경험을 통해 인생의 작은 변화를 맞이하게 됐죠. 이 이야기들처럼 블루는 외로움을 느끼는 컬러이지만 그 외로움은 세상이 그를 외롭게 만드는 것이 아니라 스스로 고립을 선택하고 스스로 외롭기를 선택한 것입니다. 기대하고 의지했다가 그 신뢰가 무너지면서 상처받고, 그 조각에 마음이 베일까 봐 외로움, 홀로 있음을 선택하는 그들이지요. '난 괜찮아. 외롭지 않아'라고 하지만 정말 괜찮고 정말 외롭지 않은 것이 아니랍니다. 자신의 틀을 조금만 벗어나면 훨씬 외롭지 않은 인생을 살 수 있음에도 불구하고 말이죠.

Blue - 이럴 때 눈에 띄고 우리에게 도움을 줍니다

"

- 사람 사이에 신뢰가 무너졌을 때

- 관계로부터 벗어나 혼자만의 시간이 필요할 때

- 기댈 곳이 없이 혼자 책임져야 하는 부담감을 느낄 때

- 책임감에 대한 객관적인 시각이 필요할 때

- 신뢰와 진실한 소통을 원할 때

- 자신이 믿는 사람과의 진실한 소통이 필요할 때

- 스스로에 대한 신뢰가 필요할 때

"

블루를 위한 조언

Blue

블루는 합리적이고 이성적이며 냉철함과 명료함을 지니고 있는 컬러입니다. 블루가 균형을 잘 잡고 있다면 이런 장점들로 인해 남들에게 신뢰를 주는 이미지입니다. 그렇기에 여러분이 무엇인가를 기획하거나 체계화시켜야 하는 일이 있을 때 블루 에너지의 도움을 받을 수 있습니다.

또한 중요한 프레젠테이션을 앞두고 있거나 연봉 협상과 같이 당신의 목소리에 힘을 실어야 할 때에도 블루 컬러가 도움이 될 수 있습니다. 블루가 균형 상태라면 어떠한 상황에서도 흔들리지 않는 초연함을 유지하고 있을 것입니다. 합리적이고 이성적인 판단이 필요할 때 블루의 냉철함으로 가장 현실적이고 도움이 되는 조언들을 명료하게 할 수 있을 것입니다.

하지만 그런 모습이 과하게 발동할 때는 과도한 냉철함으로 문제 해결에만 치중해 사람에 대한 감정을 간과하고 너무 차갑게 느껴지기도 합니다. 사람의 감정과 마음은 시시각각으로 변하는 것이라 일을 처리하는 데 걸림돌이 되는 번거로운 것으로 인지하는 경향이 있기 때문입니다. 반면에 일은 에너지를 쏟은 만큼 거짓 없이 결과를 안겨주는 것이라고 생각해 몰입하기 때문에 일 중독자의 모습을 보이기도 합니다.

균형이 깨진 블루는 기계처럼 차가운 심장을 가지고 상대를 향한 눈빛은 사무적이며 평가적입니다. 남들과 가까워지고 관계를 맺는 것에 대한 거부감을 가지고 있는데 사실 그 거부감은 이미 경험한 적 있는 신뢰의 무너짐에서 오는 불편함으로 다시 다치고 싶지 않다는 자기방어기제의 일종입니다. 자신의 생각이 노출되는 것을 꺼리고 감정을 통제하며 절제하고 무거운 침묵으로 일관합니다. 혹시 여러분의 모습이 여기에 해당되지는 않으신가요?

어느 기업의 부장님 이야기입니다. 그분은 블루 성향이셨고 책임감에 대해 이야기했더니 한국에서 가장으로 사는 사람치고 그 정도의 책임감 없는 사람이 어디 있냐고 하시더군요. 물론 그 말씀도 맞습니다. 하지만 요즘은 자기만 생각하며 가족들을 돌보지 않는 이들도 너무 많습니다. 자기가 낳은 아이를 부모로서 돌보지 않고 돌도 지나지 않은 갓난아이를 혼자 내버려 두고 게임하러 나가 아이를 희생시킨 사람들…. 이런 일은 블루에게서 절대 일어날 수 없는 일들입니다.

그 부장님이 그렇게 말씀하시는 것을 들으며 자기 보호막이 있다는 걸 알았습니다. 그때 그분을 잘 알던 분이 "김 부장은 동생들까지 다 먹여 살리고 있잖아"라고 하셨고 부장님은 "다 그렇게 사는 거 아닙니까?"라고 대답하셨습니다. '아, 저분은 저 정도의 책임감을 아무렇지 않게 짊어지고 살아내고 계시는구나'를 느꼈죠. 블루의 많은 분들이 이 감정을 경험합니다. 블루들도 편하게 살고 싶고 즐기며 살고 싶습니다. 그 욕구는 누구에게나 다 있는 것이죠. 하지만 처한 상황이 그저 가볍게 즐기고 놀 수 있는 상황만은 아닌 것이죠. 아픈 부모님의 병원비를 보태기 위해 회사 일이 끝나면 자는 시간을 줄여 아르바이트를 하기도 하고 본인도 이제 누군가의 보살핌을 받아야 하는 아픈 몸이지만 노모를 보살피기 위해 결혼도 마다하고 부모님을 살뜰히 모시는 이들도 있습니다. 그들도 누군가에게 의지하고 기대어 쉬고 싶지만 상황이 그러하지 못하기 때문에 스스로 약해지지 않으려 '버텨야 해. 그렇게 꿋꿋하게 버텨'라는 주문을 하며 살아온 이들입니다. 그러니 책임감에 대한 자신의 감정을 마주하는 것이 쉬운 일은 아닐 것입니다. 다들 각각의 무게를 짊어지고 살아가고 있습니다. 누가 옳고 그른 것을 이야기하는 것이 아닙니다. 다만 과도한 책임감에 짓눌려 있는 스스로를 조금이나마 살피기를 권하는 것입니다.

보너스를 받거나 목돈이 생겼을 때 먼저 자기를 위해 무엇인가를 사는 사람들이 있습니다. 반면에 부모님이나 가족, 평소에 고마웠던 분들을 먼저 떠올리고 그들을 위해 선물을 사거나 예의를 차리고 도리를 다하기 위한 것부터 생각하는 이들이 블루입니다. 내가 하고 싶은 것은 절제하고 참으며 도리에 어긋나지 않게 행동하려 하는 행동들이 참 예쁘고 바른 행동이지만 너무 많은 책임감으로 보낸 시간들이 훗날 언젠가 아쉬움과 후회로 남지 않기를 바랍니다.

만약 여러분이 너무 과한 책임감에 시달린다면 조금은 더 자유로워지시길 바랍니다. 내가 받는 월급 중에 가족과 함께하는 것 말고 오로지 나만을 위해 사용하는 금액이 얼마나 되는지, 필요해서 산 것이 아닌 나에게 주는 작은 사치가 언제였는지 한번 떠올려 보세요. 그리고 본인에게도 약간의 사치와 즐거움을 누릴 수 있는 기회를 주시길 바랍니다.

여린 순수성을 간직한 여러분의 마음이 반복되는 상처에 더 단단히 닫히지 않도록, 사람에 대한 믿음과 마음의 문을 닫지 않도록, 가끔 부족해 보이는 누군가의 어깨에 바삐 걸어온 나의 발길을 멈추고 잠깐 기대어 쉬어 보기를…. 그 쉼이 당신에게 무엇을 가져다줄지 기대감으로 설레어 보기를 희망해봅니다.

감정 마주하기

Blue

블루에 대해 살펴보셨습니다. 그중에서 와 닿는 부분이 있으셨나요? 컬러는 지금 당장의 느낌을 들여다보게 하기도 하지만 오래 묵혀 두었던 감정들을 해결해야 할 때 그것을 알려주기도 합니다. 만약 떠오르는 기억이 있다면 용기내어 그 감정을 마주할 때임을 알아차리세요.

자, 그러면 지금부터 당신의 이야기를 들어 볼까요?

아무 형식 없이 적고 싶거나 떠오르는 기억 감정들을 자유롭게 써내려가는 시간입니다. 말이 안 되더라도 괜찮습니다. 누구에게 보여줄 것도 아니에요. 그저 오래 묵혀 두었던 또는 누군가에게 털어놓기에는 좀 애매했던 나의 이야기를 스스로에게 들려주는 시간이랍니다. 자유롭게 써내려가다 보면 또 알게 되는 부분이 있을 거예요. 그럼 여러분의 감정을 적어 볼까요? 그리고 혹 적는 것보다 이야기하는 게 더 편하신 분들은 다음 형식을 토대로 나의 이야기를 털어놓을 수 있는 친구에게 이야기하는 시간을 가져도 좋습니다.

(샘플 단어/문장)

나의 커뮤니케이션 스타일.

책임감.

마음속에서 놓지 못한 감정이 있나요?

외로움.

나에게 여유가 생긴다면?

요즘 나의 마음을 표현해본다면 어떤 모습인가요?

내가 존경하는 사람은…

생각나는 것들을 다 적으셨나요?

그럼 잠시 차 한잔을 드시거나 노래 한 곡을 들으며 생각을 전환하는 시간을 갖겠습니다.

이제 다시 한번 여러분이 적은 단어나 문장들을 보겠습니다. 단, 나의 감정과 분리해 내가 모르는 제3자가 적은 것처럼 읽어 볼까요?

어떤 단어들이 적혀 있나요? 이 단어들을 적은 사람은 블루의 어떤 에너지에 몰입이 되어 있는 것 같습니까? 그에게 필요한 것은 무엇이라고 느껴지시나요?

그럼 지금의 당신에게 필요한 것은 무엇일까요?

내가 나에게 주는 위로

어려운 역할을 잘 해내면서 잘 살았구나.
참 잘했어.

5 Blue

블루를 위한
한마디

Blue

여러분이 블루를 경험하고 있다면 필요할 때마다 다음 글들을 마음속으로 따라 해보세요. 다음 문구 중 가장 와 닿는 글귀를 아침에 일어나서, 그리고 하루를 마감하기 전에 가슴에 두 손을 얹고 스스로에게 이야기해주세요. 그리고 여러분은 블루 에너지 경험이 끝났더라도 주변 누군가가 블루 에너지를 겪고 있다고 생각되면 조용히 그들에게 이런 말들을 전해줘도 좋습니다. 당신의 사소한 한마디가 그에게는 절실히 필요한 말일 수도 있거든요.

험한 세상에서 너를 지키며 참 잘 살아왔구나.
넌 항상 옳아.
난 너의 진심을 알아.
참 바른 사람이구나.
너를 알면 알수록 믿음이 가는 사람이야.
너를 믿고 한번 시작해봐. 언제나 지지할게.
난 널 믿어. 넌 해낼 거야.
여태까지 하지 않았던 걸 한 번 해봐.
너를 위해서….

블루를 위한 글

생각을, 마음을 그대로 드러내는 사람이고 싶다.

살다 보면, 솔직하면 안 될 때가 있고,

남을 배려하다 놓치는 때도 있고,

상처받지 않으려 일부러 감추는 때도 있다.

그러다 보니

어느덧 내 마음속 진실을 나조차도 헷갈리는 때가 있다.

Part 9.

마젠타

Magenta

풍요와 귀인의 컬러인 마젠타.
스스로 가지고 있는 것이, 지금 누리고 있는 것이
얼마나 감사한지를 느낄 때
당신에게 축복은 더해질 것입니다.
자신이 누리는 것을 많은 이들과 함께 나눠 보세요.
더 귀한 선물이 당신을 기다리고 있을 것입니다.

마젠타가
당신의 눈에 띈다면

Magenta

매혹적인 적색이 당신 주위를 둘러싸고 있나요? 당신의 눈길이 마젠타 컬러에 자꾸 멈추게 되나요? 그렇다면 요즘 당신의 상황이 이렇지 않습니까?

당신의 삶에서 감사함이 사라졌을 때, 당신이 현재 누리는 것들이 있으나 그것이 선물인지 모를 때, 나 혼자 일어설 힘이 없을 때, 내 손을 잡아줄 누군가가 필요할 때, 마치 엄마의 자궁에서 살아갈 힘을 키우던 태아처럼 당신에게 원초적인 힘이 필요할 때, 당신의 무료한 일상에 예기치 못한 재미가 찾아오기를 원할 때, 좀 더 여성스러운 매력을 발산하고 싶을 때 마젠타는 당신에게 도움을 줄 것입니다.

마젠타는 풍요와 감사, 그리고 소명이라는 의미를 담고 있는 컬러입니다. 마젠타가 눈에 띄었다면 여러분은 어쩌면 그동안 본인이 지금껏 누렸던 모든 것들에 대해 그것이 얼마나 감사한 일인지, 얼마나 복된 것이었는지 매 순간 감사 기도를 드릴만큼 마음이 충만한 상태일지도 모릅니다. 모든 것에 감사한 마음으로 대한다면 그 감사함은 또 다른 것으로 여러분의 삶에 보답할 것입니다.

반면, 당신이 누군가의 도움 없이 혼자서는 헤쳐 나가기 힘든 상황에 처해 있다면, 그 또한 마젠타의 힘이 필요한 때입니다. 마젠타는 필요한 상황에 도움을 줄 귀인을 만나게 해주는 마법 같은 컬러입니다.

사람은 태어날 때 각자에게 주어진 소명이 있다고 합니다. 나에게 주어진 소명이 무엇인지를 찾는 여정과 그 여정을 내 삶 속에서 실현시키는 것이 우리의 인생이 아닐까 싶습니다. 그런데 복잡한 현실을 살아내다 보면 무엇이 내가 원하던 것이었고 무엇을 좇아가야 하는 것인지 그 의미를 상실할 때가 있습니다. 그것이 바로 소명으로부터 멀어진 때이기도 합니다.

삶의 목적성을 잃어버릴 때 우리는 허무함을 느끼며 그 허무함은 우리 삶을 무기력하게 만들고, 그 무기력은 일상생활을 지루하기 짝이 없는 시간들로 채우기도 합니다. 지루함은 내가 어디로 가야 하는지 삶의 방향을 잃을 때 찾아오는 감정 중 하나입니다.

이때 마젠타는 여러분에게 다시 일어나라고 말하고 있습니다.

당신은 '난 복이 없는 사람이야. 이런 내 상황에 도움을 줄 수 있는 사람이 하나도 없다'고 이야기할지 몰라도, 마젠타는 당신이 일어나기만 하면, 당신이 도움을 요청하기만 하면, 얼마든지 도와줄 수 있다고 이야기하고 있습니다.

마치 집으로 돌아오는 길을 잃어버린 어린아이처럼… 그 아이가 막막함에 울며 엄마를 찾는 것처럼 우리 인생에 방향을 잃어버릴 때 우리는 신에게 그 길을 보여 달라고, 이 막막한 어둠에서 길을 보여 달라고 기도하게 되는데 그것이 마젠타 컬러를 경험하는 때입니다.

저도 컬러를 접하기 직전, 마젠타 에너지를 경험하고 있었던 듯합니다. 늘 열심히 살아오고 있던 저의 삶이었고 일상이었는데, 그다지 다른 일이 있지 않은 여느 때와 같은 날, 친구들과 만난 자리가, 그 자리에서 오가는 수많은 일상적인 이야기들이 갑자기 시시해지며 의미가 없어졌습니다. 그리고 갑자기 인생에 대한 무거움이 찾아왔죠. '이런 의미 없는 것들로 일생을 살아가는 것이 맞나? 난 무슨 일을 하며 어떤 이들과 함께 나의 시간들을 만들어가고 채워나가야 행복할까? 십 년 후에도 이런 감정을 느낀다면 참 무섭겠구나' 싶었습니다. 무엇인가 답을 얻기 위해 이것저것 찾아보다가 컬러를 접하게 됐고 컬러를 접한 저의 일상은 다시 흥미를 찾기 시작했습니다. 그것은 저에게 또 다른 삶을 펼쳐 보여줬습니다.

이렇게 마젠타는 인생의 소용돌이에서 만나게 되는 행운과 같은 컬러이며 소용돌이 속에서 혼란스러워 할 때 당신의 삶을 어떻게 그려 나가야 할지를 알려주는 인생 지도와 같은 컬러입니다. 보물을 찾아 떠나는 당신의 여정에 잠시 길을 잃었다면 마젠타를 보십시오. 당신의 다음 여정이 나타날 것입니다.

신의 선물, 일상의 행복을 누리는 마젠타

Magenta

"나이도 젊은 양반이 얼마나 답답했겠어요. 그렇지만 힘냅시다. 늦게 빛나는 인생도 있지 않겠어요? 헤헤."

'누구의 인생이건 신이 머물다 가는 순간이 있다. 당신이 세상에서 멀어지고 있을 때 누군가 세상 쪽으로 등을 떠밀어 주었다면 그건 신이 당신 곁에 머물다 가는 순간이다.'

몇 년 전 히트를 쳤던 〈도깨비〉라는 드라마의 한 장면입니다. 한강 벤치에 앉아 샌드위치를 먹고 있는 남자, 그 옆에 자리한 도깨비(공유 배역)…. 남자는 자신에게 남은 샌드위치 반 조각을 도깨비에게 건네며 힘내자는 응원 멘트를 던지고 일어섭니다. 그리고 얼마 가지 않아 고장 난 차를 보며 난처해하는 어느 노신사를 도와주는데 그것이 인연이 되어 그 남자는 노신사가 회장으로 있는 회사에 취직을 하게 됩니다. 도깨비의 독백을 들으면서 저는 마젠타가 떠올랐습니다.

마젠타는 우리가 흔히 생각하는 자주색으로 레드에 바이올렛이 섞인 컬러입니다. 레드에는 우리가 살아내는 현실이라는 의미가 있으며 바이올렛에는 하늘(신)의 능력이라는 의미가 있습니다. 그 두 메시지가 섞여 나온 마젠타는 '우리의 일상에 스치고 지나가는 신의 손길'이라는 뜻으로도 해석해볼 수 있죠. 참 아름다운 순간이지 않습니까? 신은 우리의 인생에 개입하지 않습니다. 다만 우리의 선택을 지켜보는 것이죠. 그러다가 우리가 너무 힘들어 할 때 우리의 등을 살짝 세상 쪽으로 밀어주고 가죠. 어떨 때는 바람으로, 꽃으로, 비로, 파도 소리로, 그리고 우리 옆에서 우리와 같이 인생을 살아내고 있는 누군가로 말이죠.

인생을 살다 보면 예기치 못한 일들을 경험할 때가 있습니다. 경험하고 싶지 않지만 경험할 수밖에 없는 고난의 순간들이라고 할까요. 하지만 지나고 나면 그 순간들이 그저 고난과 슬픔만을 주지는 않았다는 것을 알게 되죠. 그 안에 나를 지켜주던 손길이 있었음을 시간이 지나서야 알게 됩니다. '내가 너희를 고아와 같이 버려두지 아니하고 너희에게로 오리라'라는 《성경》 말씀처럼 고난 속에서 허우적거리는 우리를 보고 있지만 않으시고 도움의 손길로 우리를 도우시는 그 손길이, 그 손길을 느끼는 것이 마젠타를 경험하는 일일 것입니다.

그럼 우리의 삶 속에서 일어나는 마젠타와 관련된 일이 무엇이 있는지 알아볼까요?

신의 손길, 치유의 컬러

앞서 이야기한 것과 같이 마젠타는 신의 뜻을 의미하는 바이올렛과 현실화를 뜻하는 레드가 섞여 나오는 컬러로 풀어서 이야기하면 '신의 신성한 뜻을 현실에서 사용하는 것'입니다. 그것은 곧 신의 능력이 실현되는 것이기에 신의 능력, 곧 '치유'라는 의미가 내포되어 있습니다.

몇 년 전 메르스가 발병했을 때가 떠오릅니다. 저는 그때 모 지역의 대학병원 전 직원을 대상으로 약 3개월간의 강의가 예정되어 있었습니다. 3분의 1 정도의 일정을 소화한 시점에 메르스가 발병했고 사태가 점점 더 심각해지자 병원은 환자 치료를 위해 예정됐던 교육 일정을 보류하고 환자 치료에 전념했습니다.

두어 달이 지나 메르스가 종식된 후 멈춰졌던 일정은 다시 시작됐죠. 그때 이상하리만큼 교육생 대부분이 마젠타 컬러를 선택했습니다. 저는 그때까지만 해도 이렇게 집단적으로 같은 컬러가 뽑히는 것을 본 적이 없어서 잠시 숨을 고르며 이 상황이 어떤 의미인지를 생각했습니다. 그리고 '마젠타가 왜 뽑혔을까?' 생각하며 마젠타가 가지고 있는 의미들을 하나하나 떠올리다가 '아! 이것 때문이었구나' 하고 알아차렸죠.

마젠타에는 치유와 지침이라는 메시지가 포함되어 있는데 직원들은 두어 달 동안 몰아치는 환자들을 치료하기에 여념이 없었고 그러다 보니 본인들 또한 심히 지쳐 있는 상태였던 거죠. 의사, 간호사뿐만이 아닌, 병원 전체가 초비상으로 돌아가던 때였기에 저는 그분들에게 "환자를 치료하느라 정말 애 많이 쓰셨습니다. 사명을 다해 치료하느라 많이 지치셨을 거예요. 컬러가 '나 힘들지만 해냈어'라고 이야기하고 있습니다" 하고 말씀드린 게 생각납니다. 교육생들은 이구동성으로 "맞아요"라고 대답했죠.

그리고 또다시 코로나19라는 바이러스로 인해 그때와 비슷한 상황, 아니 더 심각한 상황에 처했습니다. 처음에는 메르스 때처럼 쉬이 잡히겠지 생각했던 것과 달리 상황은 하루하루 더 심각해졌습니다. 집단감염으로 한 지역에서 환자가 기하급수적으로 생겨났고 그 지역 의료시설과 의료진으로는 감당하기가 어려워 다른 지역으로 도움을 요청해야 하는 상황까지 벌어졌죠.

급기야 대구시의사회장은 "단 한 푼의 대가, 한마디의 칭찬도 바라지 말고, 피와 땀과 눈물로 시민들을 구하자"라며 전국의 의료인들에게 호소했고 그 호소문을 본 의료진들은 가만히 있으면 안 되겠다 싶어 호소 하루 만에 260명이 모여 대구로 향했습니다. 언제 집으로 가게 될지 모르는 상황에 여행 가방을 싸온 사람, 위험하니 가지 않았으면 좋겠다는 가족의 만류에도 "난 여태 감기 한 번 걸리지 않은 강철 체력이니 걱정 말아라. 내가 아니면 누가 가겠냐?"라며 고민 없이 제일 먼저 자원했다는 간호사, 졸업식까지 앞당기고 임관하자마자 달려간 간호 장교들, 자신의 일상은 잠시 접어둔 채, 자신의 생업을 잠시 미뤄둔 채 대구 시민을 구하겠다는 사명으로 대구에 모인 사람들이 있었습니다.

대구로 향하는 앰뷸런스 행렬, '어려울 때 돕는 것이 친구다'라며 대구의 부족한 의료시설에 수용하기 어려운 환자들을 자기 지역으로 보내라는 타 지역 병원과 지역민들의 손길, 우리 가족이 사용할 마스크도 부족한 상황이지만 마스크가 더 절실한 이들을 위해 조금씩 걷어 대구로 보내는 시민들, 그런 기사를 접하면서 저런 아름다운 마음은 신이 우리에게 주신 선한 본성임을 알았습니다. 사람은 본래 저리도 착하고, 숭고한 존재였음을 말이죠.

방호장비로 인해 얼굴에 흉터가 생기더라도, 부족한 인력으로 충분히 쉴 여건이 되지 않아 엄청난 체력 손실에 휘청거려도 잠시 쉬었다가 다시 방호복을 입고 병실로 들어가는 그들에게서 숭고한 마젠타의 힐링 에너지가 느껴집니다.

항상 누리고 있는 것이기에
인식하지 못하는 행복

자신의 삶을 열심히 살아가고 있던 30대 여성의 이야기입니다.

그녀는 몸 컨디션이 좋지 않아 병원을 찾아 건강검진을 했습니다. 검진 후 의사는 암일 수도 있다는 이야기와 함께 추가 검사를 권했고 그녀는 이 갑작스러운 상황에 어찌할 줄 모른 채로 추가 검사를 받았습니다. 검사를 끝낸 후 결과가 일주일 후에 나오니 그때 다시 오라는 이야기를 듣고 병원을 나섰습니다. '암일 수도 있다면서 일주일이나 기다리라고?' 참으로 무심하다는 생각이 들었습니다.

그녀는 일주일 동안 아무것도 할 수 없었습니다. 암 확정을 받은 것은 아니었으나 암일 수도 있다는 두려움이 곧 확증이 되어 수만 가지의 시나리오를 쓰기 시작했습니다. 아무것도 먹고 싶지 않았고 그 누구도 만나고 싶지 않았습니다. '이제 서른 중반인데 암 선고나 받으려고 그렇게 열심히 살아왔나? 이럴 줄 알았으면 실컷 놀기나 할걸…' 오만 가지 생각들과 후회들이 들었습니다. '만약 암이면 어떻게 해야 하나? 그 험난한 치료를 받으며 엄청난 돈을 써야 하나? 아니면 다른 선택을 해야 하나?'라는 생각에 그간 살아온 인생이 무의미해지고, 그렇다고 어떻게 하고 싶은 것도 없었습니다. 날마다 해가 지고 떴으나 그녀에게는 마치 칠흑 같은 어둠의 시간이었습니다.

그리고 결과가 나오는 날, 병원을 다시 찾은 그녀에게 들려오는
말은 그 어디에서도 암이 발견되지 않았다는 이야기였습니다. 처
음에는 그 일주일의 시간과 수만 가지 생각을 하며 울기도 하고 화
가 나기도 했던 그 모든 것들에 허망하기도 했으나 곧 안도를 느꼈
습니다.

　　그녀는 병원을 들어가던 순간과 나오던 순간이 마치 다른 세상
이 펼쳐지는 듯한 느낌을 받았습니다. 그리고 무작정 걷기 시작했
죠. 그동안 보이지 않았던 것들, 볼 여유도 없었던 것들을 보고 느
끼기 시작했습니다. 자신을 향해 찬란히 내리쬐는 햇볕, 담장 너머
로 흐드러지게 피다 못해 하나하나 길가를 수놓고 있는 벚꽃 잎,
지나가는 버스의 소음, 스쳐 지나가는 많은 사람들, 멋진 길도 아
닌 울퉁불퉁하고 투박한 아스팔트 길이, 집으로 향해 걷는 그 길이
그저 뭐라 표현할 수 없을 만큼 행복하고 괜스레 눈물이 날 듯했답
니다.

　　그리고 강한 깨달음이 왔다고 합니다. 날마다 내리쬐는 햇볕, 하
루에도 몇 번씩 자신을 스치는 바람, 여기저기서 들리는 새소리,
건강한 몸으로 하루하루를 살아갈 수 있는 것 자체가 축복이고 기
쁨이었다는 것을요. 다만 그것들을 너무 당연하게 생각해 감사함
을 모르고 살았던 것이 오만임을 알게 됐습니다.

　　우리도 이와 같은 경험을 하고 있습니다. 몇 년 전까지만 해도
우리는 사시사철, 시시각각 변하는 하늘을 보며 계절이 바뀌었음

을 알 수 있는 나라에 살았습니다. 가을이면 끝을 가늠할 수도 없을 만큼 높아지는 하늘과 그사이에 떠 있는 몽글몽글 구름을 보며 가을이 왔음을 느끼고 푸르던 하늘빛이 차가운 톤으로 색을 바꾸기 시작하면 스산한 겨울이 오고 있음을 알 수 있었죠.

그런데 어느 순간부터는 온통 회색빛으로 뿌연 미세먼지가 우리와 하늘 사이를 채웠습니다. 미세먼지 정도를 알리는 어플은 나쁨, 매우 나쁨을 알리며 절대 나가지 말라는 경고를 보냅니다. 처음에는 공기가 나쁜 날은 특별한 일정이 아니면 나가는 것을 삼가거나 꼭 나가야 할 때는 마스크를 쓰고 다녔지만 어느 순간부터는 그러려니 하고 생활하게 되더군요. 공기가 나빠져 보니 그간 우리가 얼마나 좋은 환경에서 살고 있었는지를 알게 됩니다. 항상 좋았기 때문에 이렇게 나빠질 줄도 모르고 그저 안일하게 지내온 것이죠.

이는 비단 공기나 건강에만 국한되는 것이 아닙니다. 사람 사이의 관계도 마찬가지입니다. 사랑해서 결혼한 부부 관계도, 설렘이 사라지고 매번 같은 생활 속에 지루함만 남게 되죠. 그리고 처음에 빛나던 그 마음 대신 자꾸 일탈을 꿈꾸게 됩니다. 친구 사이도 마찬가지입니다. 어려울 때 내 옆에 있어 주던 그 친구에 대한 고마움이, 내가 어려움에서 빠져나오기 시작하면서부터 고마움보다는 일상 속에서 느껴지는 서운함이 더 커지고 다른 자극점을 찾아 눈을 돌리게 되기도 하죠. 그 모든 것들은 우리 곁에서 그것들이 사라졌을 때 다시 고마움을 느끼게 됩니다.

다시 코로나19 이야기를 잠시 해볼까 합니다. 치사율은 높은 편이 아니나 다른 바이러스보다 높은 전염성 때문에 나라에서는 사람이 많이 모이는 곳을 피하고 집단 행사를 가급적 피해달라는 일명 '사회적 거리두기'를 실천하고 있습니다. 학교 개학도 미뤄지고, 새 학년이 된 학생들은 선생님, 교수님, 친구들을 실제로 보지도 못한 채 온라인으로 강의를 듣고 인사를 대신하고 있습니다. 친구나 지인을 만나는 것도 자제하는 분위기가 오래 지속되고 있습니다. 어떤 전문가는 코로나19 전의 일상으로 돌아가는 것이 그리 쉽지 않을 수 있다고도 합니다.

이런 상황이 닥치니 사람들은 알기 시작했습니다. 친구와의 티타임, 강남대로에서 스치는 많은 사람들의 흔적, 회사 건물에서 마주치는 사람들, 그들과 만날 때 반갑게 건네던 악수와 포옹, 좋아하는 사람들과 함께할 수 있었던 마음 담긴 식사 자리가 얼마나 귀했는지 말이죠. 언제까지나 조건 없이 제공될 줄 알았던 그 일상 속 소소함들이 코로나19로 인해 잠시 멈추게 되니 얼마나 소중했는지를 알게 됩니다.

우리에게 허락된 더 많은 것들이 있겠지요. 아침에 뜨는 태양, 계절마다 옷을 갈아입는 자연들, 어디선가 흘러나오는 음악 소리들, 두 발로 건강하게 걸어 다닐 수 있는 상황들, 사랑하는 사람과 안부를 물을 수 있고, 만날 수 있다는 것, 날마다 출근할 수 있는 직장이 있다는 것, 지친 몸을 쉴 수 있는 나만의 공간이 있다는 것, 찾아보려면 다 적을 수도 없을 정도로 많을 텐데 우리가 너무 가벼이 생각하고, 당연히 생각하며 잊고 있는 것들이 있을 겁니다.

마젠타는 우리의 일상 속 곳곳에 숨겨진 보물을 찾고 그를 마음 껏 누리며 행복하라고 알려주는 컬러입니다. 오늘 하루 여러분에게 소소한 행복을 주는 것을 찾아보면 어떨까요?

신의 사랑을 일상에서 베풀다

유대인 격언 중 '신이 모든 곳에 있을 수 없기에 어머니를 만들었다'라는 말이 있습니다. '신'이란 뜻을 가진 바이올렛과 '현실'이란 뜻을 가진 레드가 섞인 컬러가 마젠타인데 이는 '땅(현실)으로 내려온 신'으로도 해석할 수 있습니다. 땅으로 내려온 신, 또는 현실에서의 신으로도 해석이 가능합니다. 그럼 그런 존재는 누구일까요? 바로 언제나 무한한 사랑과 지지를 해주는 어머니라는 존재가 아닐까 합니다. 신이 모든 곳에 있을 수 없기에 우리에게 보낸 존재, 바로 어머니입니다. 신을 대신해서 그때그때 우리를 도와주고 옳은 길로 인도해주는 존재인 어머니라는 존재를 빌어 우리는 신의 사랑을 경험하고 있는지도 모르겠습니다.

어느 날 이런 경험을 했습니다. 경기도에 위치한 어느 회사 연수원으로 강의를 가는 날이었습니다. 서울에서 연수원까지 셔틀버스를 운행하는 곳이었기에 저는 그 버스를 타고 연수원으로 갔습니다. 버스에서 내려 제가 가야 할 강의장이 있는 건물까지는 500미터 정도를 걸어야 했는데 내리자마자 비가 쏟아지더군요. 다행히 아침에 챙긴 우산 덕분에 아무 걱정 없이 우산을 폈답니다. 그런데 앞에서 우산 없이 걸어가려는 여자분을 봤습니다. 저는 곧 만나게 될 교육생일지도 몰라서 가는 곳까지 함께 우산을 쓰고 가자 했고 다행히도 같은 건물로 가는 분이라 비를 맞지 않고 갈 수 있었답니다.

그리고 며칠이 지난 어느 날이었어요. 시내 어느 건물에서 일을 마치고 나오는데 갑자기 소나기가 내렸습니다. 우산이 없던 저는 가로수 아래에서 비를 피하며 택시를 기다리고 있었어요. 그때 제가 서 있는 방향으로 걸어오시던 어느 남성분이 저에게 우산을 씌워 주시며 가는 곳까지 우산을 씌워 주겠다고 하시더군요. 마치 며칠 전 제가 그랬듯이 말이죠. 물론 별 의미 없이 지나칠 수도 있는 상황일 수 있습니다. 하지만 저는 그 상황이 그냥 지나쳐지지 않았습니다.

내가 누군가에게 베풀었던 호의가 돌고 돌아 나에게 다시 돌아오고 또 누군가에게서 받았던 호의에 대한 감사함으로 내가 다시 누군가에게 베풀며 살아간다면… 그것이 신의 사랑이 현실에서 일어나는 순간이 아닐까요? 처음에 이야기한 〈도깨비〉 드라마의 한 장면처럼요.

호의라고 해서 큰 것도 아닙니다. 그저 신이 나에게 허락해서 내가 가지고 있는 작은 능력을 내 것이라 생각하고 나의 이로움만을 위해 부여잡고 있는 것이 아니라, 좀 더 많은 사람들에게 이롭게 작용할 수 있도록 나누는 것 또한 호의인 듯합니다. 거창할 필요도 없습니다. 그저 나를 살피고, 가족과 타인을 살피는 것, 나의 삶 속에서 나의 역할을 충실히 하며 각자 열심히 살아내는 것, 이것들 또한 타인과 세상에 대한 호의가 아닐까 합니다. 나를 통해 다른 이들이 순간순간 신의 사랑을 경험할 수 있도록 말이죠.

Magenta - 이럴 때 눈에 띄고 우리에게 도움을 줍니다

"

- 무료함과 지루함을 느낄 때
- 나의 소명 찾기를 원할 때
- 일상의 행복을 원할 때
- 풍요와 감사를 되찾고 싶을 때

"

마젠타를 위한 조언

Magenta

마젠타를 선택하는 사람들은 크게 두 부류로 나뉩니다.

첫 번째는 물질적으로 풍요롭게 지내온 분들이 선택하는 컬러입니다. 누구나 부러워하는 환경 속에서 풍족함을 누리며 지내온 분들이죠. 두 번째는 물질적 풍요보다 내면에 사랑이 가득해서 본인에게 주어진 것에 대한 감사가 흘러넘치고 남들이 봤을 때는 그리 넉넉하지 않은 살림이라 하더라도 나보다 누군가에게 더 필요하다 싶으면 아낌없이 내어주는 분들의 컬러이기도 합니다.

마젠타에게 감사함이 없다는 것은 빛을 잃은 태양과도 같습니다. 마젠타는 매력이 넘치는 사람들이기에 주변에서 사랑을 많이 받으며 구김 없는 성격의 소유자이기도 합니다. 주변으로부터 빈

번하게 경험하는 사소한 호의와 좋은 일들을 너무 당연히 받아들이게 되는 순간, 자기를 도와주는 누군가의 도움을 감사함이 아닌 너무 당연한 것으로 받아들일 때 마젠타에게 비추던 신의 사랑은 빛을 잃고 자취를 감춰버리게 됩니다.

신의 사랑이 사라진 마젠타는 그에게서 느껴지던 고귀함 대신 욕심으로 가득한 심술쟁이가 되고 맙니다. 타인의 호의와 능력을 감사히 받지 않고 마치 그것이 내 것인 듯 너무나 당연하게 그들의 것을 착취한다면 당신을 감싸고 있던 그 행운들은 순식간에 사라져버릴 것입니다.

마젠타는 열심히 노력하고 남을 위해 기꺼이 내어주는 이에게 신이 주는 순풍 같은 선물입니다. 그 행운을 계속 누리느냐, 그렇지 않으냐는 오로지 당신의 마음에 달려 있습니다. 진정한 감사함으로 겸허히 받아들이겠습니까? 아니면 욕심과 오만함으로 당신만 움켜쥘 것입니까? 순간순간 당신이 누리는 것들을 음미하며 그것들에 온전히 감사하며 그것을 많은 이들을 위해 나눈다면 당신에게 부는 순풍은 멈추지 않을 것입니다. 신의 부드러운 터치를 만끽하십시오. 그리고 먼저 경험한 당신이 그렇지 않은 이들에게 손 내밀어 도와주십시오. 당신이 베푼 호의는 어느 순간 더 큰 호의가 되어 당신에게 돌아올 것입니다.

Magenta

감정 마주하기

마젠타에 대해서 이야기를 나눴습니다. 여러분에게 와 닿는 이야기가 있었습니까? 어떤 감정이 마음에서 일어나나요? 느껴지는 것들을 자유롭게 적어볼까요? 아주 사소한 것이라도 좋습니다.

자, 그러면 지금부터 당신의 이야기를 들어 볼까요?

아무 형식 없이 적고 싶거나 떠오르는 기억, 감정들을 자유롭게 써내려가는 시간입니다. 말이 안 되더라도 괜찮습니다. 누구에게 보여줄 것도 아니에요. 그저 오래 묵혀 두었던 또는 누군가에게 털어놓기에는 좀 애매했던 나의 이야기를 스스로에게 들려주는 시간이랍니다. 자유롭게 써내려가다 보면 또 알게 되는 부분이 있을 거예요. 그럼 여러분의 감정을 적어 볼까요? 그리고 혹시 적는 것보

다 이야기하는 게 더 편하신 분들은 다음의 형식을 토대로 나의 이
야기를 털어놓을 수 있는 친구에게 이야기하는 시간을 가져도 좋
습니다.

(샘플 단어/문장)

내가 받은 양육.

무료함.

고마운 것, 사람들.

나의 소명.

생각나는 것들을 다 적으셨나요?

그럼 잠시 차 한잔을 드시거나 노래 한 곡을 들으며 생각을 전환
하는 시간을 갖겠습니다.

이제 다시 한번 여러분이 적은 단어나 문장들을 보겠습니다. 단,
나의 감정과 분리해 내가 모르는 제3자가 적은 것처럼 읽어 볼까요?

어떤 단어들이 적혀 있나요? 이 단어들을 적은 사람은 마젠타의 어떤 에너지에 몰입이 되어 있는 것 같습니까? 그에게 필요한 것은 무엇이라고 느껴지시나요?

그럼 지금의 당신에게 필요한 것은 무엇일까요?

내가 나에게 주는 위로

남들은 너에게 편한 인생을 살아왔다고 하겠지만
넌 알고 있지. 스스로를 태워 세상을 밝히는 촛불처럼
넌 그렇게 살아왔다는 것을… 넌 그런 존재야.

마젠타를 위한
한마디

Magenta

누구나 어느 시점마다 경험하는 것들이 있듯 당신도 어느 순간 마젠타 에너지를 경험할 것입니다. 내가 하던 것들이 전부 잘못된 듯 길을 잃고 방황하게 될 때, 아무 의미 없이 무료함과 게으름으로 시간을 허비할 때, 그러다가 언제 그랬냐는 듯 의미 있는 일을 이루기 위해 주저 없이 나아갈 때, 모든 게 내 능력보다 더 크게 이루어지고, 남들이 나를 사랑할 때, 모든 것이 감사하게 느껴질 때 등 어떤 모습으로 우리 인생에 찾아올지 모릅니다.

혹 여러분이 요즘 마젠타를 경험하고 있다면, 또는 주변의 누군가가 마젠타를 경험하고 있다면 이런 말을 건네주세요. 자신의 마음에 손을 얹고 애써 달려온 자신을 다독이며 이렇게요.

너는 참 귀한 사람이야.
너는 선물 같은 존재야.
너로 인해 사람들이 행복해져.
고생했어. 너에게도 쉼을 줘.
참 의미 있는 삶을 살아내고 있어.

마음을 치유하는 컬러 테라피

마젠타를 위한 글

춤춰라.
아무도 보고 있지 않은 것처럼

사랑하라.
한 번도 상처 받지 않은 것처럼

일하라.
돈이 필요 없는 것처럼

살아라.
오늘이 마지막 날인 것처럼

- 마크 트웨인

에필로그

12년 동안 저는 다양한 컬러로 제 안에 있는 저와 마주했습니다. 잊고 있었던 아름다운 저의 모습을 발견하기도 하고, 아닌 척하며 살아내고 있지만 마음 깊숙이 눌러 놓은 슬픔과 여리디여린 저를 만나기도 했죠. 매번 컬러를 통해 제 앞에 나타난 저의 모습은 예전의 시간 속 기억들, 그리고 그 기억 안에 남아 있던 상처들과 화해하고 좀 더 가볍고 즐겁게 세상을 살아가라는 선물과도 같은 시간들이었습니다. 치유되지 않은 감정들과 기억들을 마주해야 할 때는 아프고 쓰라립니다. 하지만 용기를 내어 그것들을 마주하다 보면 어느새 가벼워져 있는 저를 발견하게 됩니다. 이런 과정을 통해 조금 더 나를 이해하고 가족과 친구들을 이해하며 세상 속으로 가까워지게 됩니다.

여러분은 9가지 컬러를 읽으면서 어떤 모습의 자신과 마주하셨나요? 우리는 필요에 따라, 나에게 주어진 상황에 따라 다양한 모습들로 우리를 바꿔 나가고 있고 성장해 나가고 있습니다. 오늘 공감했던 컬러, 내 모습이라고 여겼던 컬러가 한 달 후, 일 년 후에는 전혀 내 이야기 같지 않을 때가 있습니다.

반면에 레드를 경험하고, 레드의 이슈에서 벗어났다고 생각했는데 어느 순간 또다시 레드를 경험하기도 합니다. 그러면 우리는 '난 왜 그대로지? 몇 년 전이랑 다를 게 없잖아?' 하며 실망하기도 합니다. 하지만 그때 우리가 알아야 하는 것은 지금 경험하는 레드가 몇 년 전 경험한 레드가 아니라는 사실입니다. 비슷한 것 같고 제자리인 것 같지만 절대 제자리가 아니며 우리는 조금씩 앞을 향해 발을 내딛고 있습니다. 비록 그 속도가 여러분 마음에 더딘 것처럼 느껴지더라도 말이죠.

그래서 이 책을 한 번 읽었다고 해서 그냥 책꽂이에 먼지가 쌓이도록 놓지 마시고 생각날 때마다 한 번씩, 그리고 마음이 방향을 잃고 흔들릴 때마다 한 번씩 꺼내 읽어보시기를 권합니다. 다시 읽을 때마다 처음 읽었을 때는 보이지 않았던 이야기들이 보이고, 새로운 메시지들이 다가올 테니까요.

추운 겨울이 지나고, 언제 추웠냐는 듯 불어오는 봄 햇살처럼 그렇게 여러분의 마음을 녹이고 눈물로 먼지를 씻어내리는 시간이 되길 기도합니다.

컬러 테라피 방법

컬러 테라피 과정에 대해 궁금해하시는 분들이 있어 간략하게 소개합니다. 먼저 컬러 미러 바틀을 보고 나의 컬러를 선택합니다. 그러고 나면 테라피스트가 컬러 리딩과 함께 상담을 진행합니다. 상담을 통해 드러난 본인의 이슈에 적합한 컬러 바틀을 사용합니다.

선택한 컬러에 대한 메시지 중 나에게 해당되는 것을 염두에 두며 컬러 바틀을 사용하다 보면 그 문제에 대한 내면의 통찰이 일어납니다. 컬러 메시지는 각 컬러마다 다르고, 사용하는 분의 상황에 따라 다르므로 테라피스트의 가이드를 받고 사용하는 것이 가장 효과적입니다. 이 모든 과정을 사랑으로 임합니다.

컬러 바틀 사용법

　컬러 바틀은 남아프리카 공화국에서 천연 에센셜 오일로 제조
되어 수입되어 오는 제품으로 바디 오일처럼 몸에 바르며 몸과 의
식 안에 컬러 에너지를 흡수시키며 사용합니다.

마음을 치유하는
컬러 테라피

제1판 1쇄 | 2020년 10월 5일
제1판 2쇄 | 2021년 12월 24일

지은이 | 김영정
펴낸이 | 유근석
펴낸곳 | 한국경제신문*i*
기획제작 | (주)두드림미디어
책임편집 | 배성분   디자인 | 얼앤똘비악earl_tolbiac@naver.com

주소 | 서울특별시 중구 청파로 463
기획출판팀 | 02-333-3577
E-mail | dodreamedia@naver.com
등록 | 제 2-315(1967. 5. 15)

ISBN 978-89-475-4628-7 (03180)

책 내용에 관한 궁금증은 표지 앞날개에 있는 저자의 이메일이나
저자의 각종 SNS 연락처로 문의해주시길 바랍니다.